余志君 ———— 著

漾着诗性智慧的
课堂教学

核心素养导向的课堂教学丛书　杨四耕主编

华东师范大学出版社

图书在版编目(CIP)数据

漾着诗性智慧的课堂教学/余志君著. —上海:华东师范
大学出版社,2019
(核心素养导向的课堂教学丛书)
ISBN 978－7－5675－9308－4

Ⅰ.①漾…　Ⅱ.①余…　Ⅲ.①小学语文课－课堂教学－
教学研究　Ⅳ.①G623.202

中国版本图书馆 CIP 数据核字(2019)第 129794 号

核心素养导向的课堂教学丛书

漾着诗性智慧的课堂教学

丛书主编　杨四耕
著　　者　余志君
策划编辑　刘　佳
审读编辑　林青荻
责任校对　赵小双
装帧设计　卢晓红　刘怡霖

出版发行　华东师范大学出版社
社　　址　上海市中山北路 3663 号　邮编 200062
网　　址　www.ecnupress.com.cn
电　　话　021－60821666　行政传真 021－62572105
客服电话　021－62865537　门市(邮购)电话 021－62869887
地　　址　上海市中山北路 3663 号华东师范大学校内先锋路口
网　　店　http://hdsdcbs.tmall.com

印 刷 者　上海盛隆印务有限公司
开　　本　787×1092　16 开
印　　张　13
字　　数　201 千字
版　　次　2019 年 7 月第 1 版
印　　次　2019 年 8 月第 2 次
书　　号　ISBN 978－7－5675－9308－4/G·12142
定　　价　39.00 元

出版人　王　焰

(如发现本版图书有印订质量问题,请寄回本社客服中心调换或电话 021－62865537 联系)

洞见改革

回望轰轰烈烈的课堂教学改革,我们依然可以欢呼,仍然可以雀跃,但我们更需要理性的回望和深刻的祈祷。

不是么? 我们的课堂教学改革虽然取得了卓著的成效,但也出现了不少观念的误识和实践的误区。我们能否真正面对与合理消解这些问题,将直接影响课堂教学改革的纵深推进。

维特根斯坦指出:"洞见或透识隐藏于深处的棘手问题是艰难的,因为如果只是把握这一棘手问题的表层,它就会维持原状,仍然得不到解决。因此,必须把它'连根拔起',使它彻底地暴露出来;这就要求我们开始以一种新的方式来思考。这一变化具有着决定意义,……难以确立的正是这种新的思维方式。一旦新的思维方式得以确立,旧的问题就会消失;实际上人们很难再意识到这些旧的问题。因为这些问题是与我们的表达方式相伴随的,一旦我们用一种新的形式来表达自己的观点,旧的问题就会连同旧的语言外套一起被抛弃。"面对核心素养时代,我们的课堂教学改革有必要确立新的思维方式,并借此洞悉困扰我们的"棘手问题"。

改革不是一种风潮,而是一种使命。当下,跟风式改革仍然盛行,如深度学习、项目学习、STEAM……见样学样,不停跟风,显现出一派繁荣景象。不少所谓的教学改革只是在形式上做文章,有教条主义的嫌疑;不少课堂深陷应试泥潭,既不教人文,亦无关精神,甚至连知识也谈不上,而是"扎扎实实"地搞成了教考,把考试当作课堂教学改革的使命。教育改革的真正使命是什么？我们应秉持怎样的立场推进课堂教学改革？2014年，教育部颁布《关于全面深化课程改革 落实立德树人根本任务的意见》。这份文件指出：立德树人是课程改革的根本任务，核心素养培育是课程改革的核心价值。这便是我们的使命。使命需要执著，执著就是美德。细细品味维特根斯坦的这句话也许会有所助益："当一切有意义的科学问题已被回答的时候，人生的诸问题仍然完全未被触及。"课堂教学改革的全部使命便是触及人生问题并给予某种实质性的回答，从而使"立德树人"落到实处。

改革不是一个口号，而是一种立场。层出不穷的口号、花样频出的概念，已然是当下学校变革的常态。不少学校把玩弄概念作为改革，把提口号当成改革，以学定教、先学后教、翻转课堂……热词涌起，名句不断。当我们把改革看成一个概念、一个口号的时候，我们已经远离了改革。改革是一种立场，一种有思考的尝试，一种为着根的事业而不断探索的精神。维特根斯坦说："一种表述只有在生活之流中才有意义。"可以说，如果我们能把自己的立场安放在特定的概念或口号里，秉持有立场的变革，那将是对维特根斯坦的一种慰藉。

改革不是一张蓝图，而是一种责任。加拿大学者迈克尔·富兰说："变革是一项旅程，而不是一张蓝图。"毫无疑问，改革需要蓝图，需要理性设计，但蓝图不是改革本身。奥托·魏宁格有一句令人心动的话："逻辑与伦理在本质上是相同的。它们不是别的，而正是对自我的责任。"改革是一种责任，是一种对未来负责的精神。联合国教科文组织提出了21世纪教育的四大支柱：学会认知、学会做事、学会共同生活、学会生存。其中，学会认知是步入未来社会的通行证：观察、阅读、倾听、书写、交流、多样化表达、分析、综合、推理……学会做事是适应知识经济时代的必然选择：专注、善于发现问题、善于尝试、目标准确、身体力行、全力以赴、勇于面对现实、直面困难、不惧失败……学会共处是顺应全球化时代的需要：人际感受能力、人际理解力、人际想象力、风度与表达力、合作能力与协调能力、决策能力、沟通能力；懂得尊重、善于理解、换位思考、勇于担当、积极配合；而学会生存则是对做人品质的完善：适应能力、交往能力、管理能力、动手能力、创新能力、竞争能力；促进自我实现、丰富人格特质、担当与责任承诺、接受改变、适应改变、积极改变、引导改变……应该说，这些都是核心素养时代课堂教学改革的责任。

改革不是一场革命，而是一种态度。我们为什么需要改革？是因为有糟糕的现实摆在眼前，我们必须清除它。我们如何改革？通过雷厉风行的方式彻底改革吗？我们知道,对于理想化的东西,改革者很容易接受,并习惯于用理想的丰满来衡量现实的骨感,用理想的光滑来评判现实的粗糙。在理想观照下,现实是一无是处的,是必须摈弃的。正是基于这种认识,改革者很容易接受这样的观点:通过暴风骤雨式的"革命"来实现美好的改革目标。著名教学论专家王策三先生指出:任何教学改革都不是"一蹴而就的,也不是几年、十几年、几十年短期实现的,更不是以'革命'方式达成的"。改革是一种态度,一种持续改变现状的态度,一种朝向美好的态度,一种渐进探索的态度。

改革不是一个事件,而是一项旅程。吉纳·霍尔认为,变革的首要原则是把变革看作"是一个过程,而不是一次事件"。当我们把改革看成是一个事件,这意味着,改革可以在短期内取得成功;如此,改革尚未真正推进,我们便急着推出新的改革。面对一系列的政策性号召与行政命令,一些地方与学校常常是积极参与,往往在短时间内就会涌现出大量的改革成果,不少地方和学校还会举办各种各样的经验交流会。然而,在热闹的背后,却存在着虚假的繁荣:应付改革,鲁莽冒进现象时有发生。改革其实是一项旅程,一项迈向合理性的旅程,一项不断面对问题、思考问题、解决问题的旅程。课堂教学改革无法速成,只能渐进摸索;课堂教学改革也无法一次性完成,它永远在路上。

改革不是一条直线,而是一种智慧。对改革的简单化认识,缺少对改革形态丰富性、过程复杂性的理解,会让改革陷入迷茫。吉纳·霍尔说:"变革,不是某位领导发表一次演讲,或在8月份为教师举行两天短期培训,或向学校提供新课程或新技术,就能一蹴而就、获得成功的。相反,变革是一个过程,在这个过程中,个人、组织机构逐渐理解了新事物、新方法,并且在运用它们时愈益熟练和有技巧。"无数经验证明,课堂教学改革是一个逐步推进的过程,而不是一条直线,其中往往包含着复杂性、随机性和偶然性,它需要理性和智慧。对此,迈克尔·富兰说:变革"好比一次有计划的旅程,和一伙叛变的水手在一只漏水的船上,驶进了没有海图的水域。"可见,课堂教学改革不是"种豆得豆、种瓜得瓜"的简单逻辑,而是一个多因子、多变量、多可能的复杂交织过程。没有"直接拿来"的理论与模式可以套用,改革需要我们自己的原创理论和实践智慧。

改革不是一个目的,而是一种创造。把改革作为目的,为改革而改革,这不是我们的应然取向。有人说:"未来不是我们要去的地方,而是我们要创造的地方。"课堂教学改革,可以是突破陈规、大胆探索的思想观念,也可以是自强不息、锐意进取的精神状态,还可以是奋勇争先、不甘落后的使命感。华罗庚说:"如果没有独创精神,不去探索更新的途径,只是跟着别人的脚印走路,也总会落伍别人一步;要想赶过别人,非有独创精力不可。"我们今天创造怎样的课堂,就意味着我们在培育怎样的未来。当我们创造知识型课堂的时候,我们就是在塑造复制与服从的未来;当我们创造素养型课堂的时候,我们就是在选择美好与灿烂的生活。教育的价值在于生命意义的提升,在于学习价值的锤炼,而不在于知识的牢固掌握和大量累积。雨果说:"已经创造出来的东西比起有待创造的东西来说,是微不足道的。"的确,有待创造的东西只能靠学生在生命化实践和实际生活中去创造。因此,在某种意义上,改革不是一个固定目标,而是一个创造,一个基于实验的生命创造和素养提升过程。

改革不是一种形式,而是一种深度。虽然改革之声不断,但我们的课堂教学改革总体上并无实质性进展,"素质教育轰轰烈烈,应试教育扎扎实实"仍然是中小学课堂教学的主流表现。围绕着教材,问题学习、项目学习、单元教学、作业设计、听评课……都被冠以改革之名。联合国教科文组织在《学会生存》这一报告中曾警告说:"教育具有开发创造精神和窒息创造精神这样双重的力量。"大量事实表明,以反复操练为表征的知识教育严重地窒息着年轻一代的创造精神,阻碍着社会进步。教育的核心价值不应该只是盯着知识,而应在于培养有智慧的人。唯有培养有智慧的人,我们才能足以应对不断变化的社会。二百多年前,德国就有如此教育宣言:"教育的目的,不是培养人们适应传统的世界,不是着眼于实用性的知识和技能,而要去唤醒学生的力量,培养他们自我学习的主动性、抽象的归纳力和理解力,以便使他们在目前无法预料的种种未来局势中,自我做出有意义的选择。"当前,课堂教学改革最重要的一步,就是要从知识至上的泥潭中跳出来,义无反顾地迈向关注生长的素养时代。

总之,改革不是自负的概念翻新与宣示,而是崭新观念的建构与实践。面对核心素养时代,我们应少些"看客",多些"创客",不断洞悉隐藏于深处的棘手问题,在不断追问中创造属于我们自己的精神世界。这或许就是"核心素养导向的课堂教学丛书"之初衷。

杨四耕

2019 年 6 月 9 日于上海市教育科学研究院

第一章　诗性智慧与创造力培养 / 001

维柯揭示了一个重要的事实：在人类的童年阶段，各种丰富的想象是一种诗性，也是创造。所有的事实也表明，儿童时期强烈的好奇和丰富的想象是一种珍贵的诗性智慧，表现出旺盛的创造力。我们的教育是否很好地珍视并促进了儿童的诗性智慧？小学语文教育应如何培养儿童的诗性智慧，从而使儿童的创造热情和创造能力得以发展，并对儿童产生长久持续的影响？

第二章　探讨基于童谣的语文教学 / 033

在童谣的天空中，曾有一颗叫作金子美铃的星星耀眼地划过，短暂而光辉永恒。她似乎找到一条返回童年的秘密通道，以纯粹的童心和超凡的想象力构筑起生命和心灵的城堡——金子美铃的童谣世界，带给我们永远的沉思和怀念。一起来读吧，感受金子美铃的诗性智慧和修辞艺术，学着用一颗儿童的心，温柔地看这世界。

第三章　言语表达与诗性思维 / 067

诗性即创造,而创造的核心是创造性思维。儿童言语表达的发展,是儿童思维和创造力发展的重要条件。创造并不神秘,语言的学习材料和言语表达的实践,处处都有创造性思维的体现。创造也并非孤立的训练,它就在日常的语文课程中。用好联想、逆向、替换、组合四种创造的方法,人人都会创造,处处都有创造!

第四章　跨学科的童谣绘画 / 111

　　儿童的诗性智慧在语言中,也在绘画中。"大师摇篮"荡起来——这是一门培养儿童诗性智慧的童谣绘画课程。一首童谣一幅画,从创造性思维游戏开始,引出创造的方法,人人都有创意的火花。轻松、幽默的创意课堂,纯真、诗意的童谣与绘画,使儿童的创造力在思维发展的关键年龄阶段得到充分的培育和发展。

第五章　童谣创作课程实践 / 155

儿童是天生的童谣诗人。童谣教学之核心要义在于师生共同拥有诗性的精神,即始终拥有一颗有感悟力、善于想象、纯真可爱的童心。以儿童为教育对象的师者,需要向儿童学习。让目光透明,让心思沉静,让直觉敏锐,让想象飞跃,让文字简单纯粹,我们人人都能发现童谣创作的秘密,我们人人都能成为童谣诗人!

行行重行行。回顾初为人师的时光,从第一次登上小学语文的讲台起,三十二载倏然而逝。山重水复,兜兜转转,这中间我逐渐地将专业兴趣投向了儿童的言语表达与创造力。小学语文教师如何关注并有助于学生的创造力发展,这个问题让我对教育教学的热情得以保持,以致想把一些有趣的实践与体会写成一本书。

一

确切来说,我是在 2004 年成为一名特级教师之后,才拨云见雾般找到并确认自己的兴趣方向的。也就是说,成了"特级",才认真考虑"特"在哪里。在那之前的十多年时间里,我和大部分语文教师一样,主要是忙着做好三方面事情。

一是苦练基本功。说苦练,半点不假。在景德镇市第十二小学时,跟着美术教师范健生老先生习字练画,读帖、摹帖、临帖、背帖,每日上午写一小时毛笔字,每字两寸见方,写毕悬挂于壁,检视不足。冬夜生起一盆炭火,摆上几个瓶罐,练习素描写生。为了学习折纸、捏泥,曾由母亲带去瓷厂老工艺师家中,学习以瓷土抟捏动物。为了让普通话更标准,一遍遍听着录音磁带悉心揣摩,练得口舌起泡。在北京大兴接受国家语委普通话培训测试中心的专家宋欣桥老师的测试中,我以95.2 分获得一级乙等的成绩,成为一名国家级普通话测试员。1998 年在琼海万泉河畔参加海南省小学教师基本功比赛,粉笔字、钢笔字、毛笔字、限时板画、多命题快速简笔画、依教材设计简笔画板书图、拼音笔试、现场讲故事,三天的赛程展示获得满堂彩。练以致用,这些基本功奠定了我成为优秀语文教师的基础。

二是上好公开课。18 岁面临第一堂公开课,教导主任带我向一位资深语文教师求教。老教师教我备了一堂二年级的说话课,告诉我如何让孩子们对这堂课感兴趣,其中提到情境创设、角色扮演、鼓励与引导学生真实大胆地说话,还提到将自然、数学知识和行为养成教育都渗透在说话训练中,这些都让我终身受益。景德镇市十二小副校长汪翠红和区语文教研员刘菁老师常给我磨课,她们评课时火眼金睛,毫不客气,那些批评和激励都让我难以忘怀。1994年在海南中国国际儿童智力开发中心实验学校,吴爱宝老师与我磨《荷花》一课,嘱咐我十年一剑务必打响。获海南省中青年语文教师阅读教学观摩比赛一等奖后,我先后进入海口市十一小、九小、二十六小,伴随海南省课程改革,有了更广阔的成长空间。大大小小几十节公开课,无论是下乡村,还是跨省交流,或是当着一两千同行观众上课,我都感受到"用心求真"与"自我完善"对于公开课的重要,而以此两点出发所追求的公开课,可以铸就青年教师进步与成长的动力阶梯。

三是做点小研究。不想失之浮浅,就要读些理论书籍、做点小研究。用今天的话来说,即便是做点"草根式"小课题,也可以从中积淀些许教育底蕴,从而用理性的眼光对待每日教学。我对诸如低年级听说能力的培养、个性化阅读的推广、课外阅读量的落实、阅读课上有效对话的开展,做了一些草根式的小研究,强调三个重视:一重课例,推出典型课例大家一起来研讨;二重群体行动智慧,同伴互助、专业引领与行为改进相结合;三重总结发表,及时将心得体会写成案例或论文,尽可能正式发表,使自己看到成果。有了一点研究的能力,才真正有了些道术双修之意,也为进一步寻道问道做好了准备。

2007年,我在海口工作。当年5月,我在教育期刊发表一组文章:《我的成长历程:逐求·发现·归真》《我的教学主张:"本色语文"的立意与追求》《我的教学实录:〈世界多美呀〉》。10月,海南省教科院为我举办了一个"本色语文"教育研讨会,我现场上了《望月》一课并做主题报告,倪文锦教授应邀来现场点评指导。我提出语文的三个本色要素是"纯真、诗意、创造",这三个要素分属三个不同的维度——本色语文在品质上是纯真的,在形式上是诗意的,在成长的维度上则是强调创造的。研讨会的效果很好,引发讨论与争鸣。有同行说:"这三个要素都很对。"也有同行说:"纯真和诗意,是语文的本色,但创造不是。"

这些讨论让我持续追问:对小学语文来讲,"创造"能不能算一个本色要素?对于在小学中的儿童来讲,语文学科能够或应该为他们的创造力提供怎样的支持、培养呢?

我认为,"创造"是小学语文的本色要素之一。中国的语言文字本身就是了不起的创造成果,儿童的言语发展本身就是创造,所有的精彩演讲、优秀文学都来自创造,我们用内在的语言进行创造性思维,而无论内在、外在,言语表达就是一种创造性劳动。我还认为,不要问为什么我们培养不出创造型人才,而是要多问问:每个学科为创造型人才培养做了什么、做了多少。语文教育就是用语言来塑造人、培养人,培养创造力是语文教育的应有之义。

我国已将"实践创新"列入学生发展六大核心素养,其内涵主要是学生在日常活动、问题解决、适应挑战等方面所形成的实践能力、创新意识和行为表现,具体包括劳动意识、问题解决、技术应用等基本要点。然而透过这样的描述,很多语文教师依然认为应是数学、科学等学科课程及综合实践活动课程来更多地承担这部分的教育职责,对语文学科应如何培养学生的创新能力缺乏更多的认知与思考。我想在这个方面来做一些努力,将儿童的言语表达与创造力作为一个专业方向,渐渐聚焦于儿童诗性智慧的培养。

二

我对儿童言语表达与创造力的关注和实践大致分为三个部分,这三个部分分别构成本书的第三至第五章。

第一个部分是常态语文课中的创造力培养,内容见本书第三章。许多语文教师认为语文学科跟创造力培养没太大关系,这是一种很深的误解。所以,依托人教版教材的常态语文课如何培养儿童的创造力是我首先思考的。

2011 至 2014 年,我主持广东省教育科学规划课题"通过言语表达训练提升中低年级小学生创造力的研究",研究围绕言语表达,保护和培养学生出于纯真、自然的创造力,探索培养学生的观察、发现、思考并从中进行创造性表达的能力。Kirkpatrick 在 1900 年的创造性想象测验中发现小学前三年级儿童的创造性想象较后三年级儿童的多。Simpson 在 1966 年编制的创造性想象测验结果表明小学三年级儿童的创造性想象水平最高,四年级后逐渐下降。Torrance 及其同事运用明尼苏达创造性思维测验对小学儿童进行研究,证明小学一至三年级儿童的发散性思维能力随年龄增长而提高,四年级后开始下降,9 岁是儿童创造力发展连续线上的一个下降点。因此,选择中低年级,是想让儿童的创造力在思维发展的关键年龄阶段得到充分发展,拓展小语教育在创造力培养方面的作用。

该项目在珠海市香洲区的实验学校、香华实验学校、荣泰小学和曹靓语文工作室的语文教师中展开,同时在新浪网开设"珠海香洲·儿童创造力"课题研究博客。参与课题的语文教师们表现出令人惊叹的热情与毅力,创造性地将网络教研与校本研究、课堂观察融为一体,坚持共享备课,坚持每日实践训练,坚持过程反馈,坚持评价导向,坚持反思调整,为项目作出很大贡献。

教师们认识到创造并非很神秘,创造可以有方法。儿童入学后的规范养成教育、班级授课训练都在促使其思维、行为及言语表达日益趋同,我们则将联想、替换、逆向、组合四种重要的创造方法引入语文课堂,在每一堂语文课上引导儿童进行灵活的言语表达。我们不是要让创造成为孤立的训练,而是结合人教版教材自身的识字、阅读、习作、诵读、口语交际等课程内容来进行,让人人都会创造,处处都有创造。

第二个部分是跨学科的童谣绘画课程,内容见本书第四章。

美国心理学家泰勒根据创造成果的新颖程度和价值大小,把创造力分为五个层次,其中最基础的层次——表达式创造力——是儿童在日常生活中表现出来的创造力,如儿童言语表达、绘画或歌舞表现的创造力。北京创造力研究专家陈鹏老师于20年前构建的"大师摇篮"课程,我对其做了适合小学生的设计,通过小学语文课堂将其带给海口、珠海等地的孩子。我与陈鹏老师有许多深入的讨论,共同努力让这套课程在实践中完善,并产生影响力。

"大师摇篮"课程旨在通过童谣和绘画的欣赏与创作,培养发展儿童的诗性智慧和创造素质。我们相信每个儿童都有强烈的诗性创作表达的意愿,通过若干思维训练方法和创意提示,引导儿童完成一系列童谣与绘画的创作,希冀儿童经由这样的练习,在学习能力、专注力、观察力、表达力、思维水平和创新才能等方面都得到可喜的提高。一首童谣一幅画,从创造性思维游戏开始,引出创造的方法,在轻松、幽默的课堂氛围中,人人都迸射出创意的火花,人人都享受到创造的成果、创造的欢乐。

第三个部分是专门的童谣创作课程,内容见本书第五章。

从教30年之际,我已两鬓斑白、华发满头,但试着彻底地向儿童学习,用以儿童为师,以优秀童谣诗人、优秀童谣作品为师的态度,尝试创作童谣18首。这18首童谣,有些来自我和孩子们共同的真实的校园生活,有些是向优秀的童谣作品模仿致敬。写的时候有一个野心,就是将创造方法暗藏其中,组成"发现组合的秘密"、"创造独特的意趣"、"传递真切的情感"三部曲,童谣创作的三部曲。

学写童谣,使我重新找回儿童的视角、儿童的好奇心、儿童的逻辑,让我重新像儿童一般睁大眼睛,热情地看世界。因而也就体会到,童谣创作的教学,其关键不在于儿童写出怎样惊人的诗句,而在于他们能否拥有诗性的精神。在这样的课堂上,儿童能最大程度地得到教师的理解,他们在问出天马行空的问题之后,不会被敷衍、呵斥;在表达心底最质朴真诚的想法时,他们不会被强迫着学会粉饰、伪装。在这样的课程中,教师和儿童难得地趋向同一个东西,那就是一颗兴味盎然、充满想象、纯真可爱的童心。

这三个部分的工作,我在一些小型交流研讨会中做过一些介绍,无论城乡,总会引发很多同行的兴趣。这三章的撰写,尽量将训练方法与课堂实例相结合,希望给那些对儿童创造教育有兴趣的语文和美术教师、童诗创作爱好者以及关注自家孩子创造性思维发展的年轻妈妈们提供一些参考。

三

关于本书的第一、二章,我此刻再来做重点介绍。

当我还在海口九小担任副校长的时候,陈鹏老师创建了一个网络论坛,名叫"创想城"(IDEA CITY)。陈鹏老师将儿童创造教育的内容以生动的形式发布到这个网络论坛上,孩子们注册后参与里面的学习互动。大约有两三年,我受邀担任这个网络论坛的超级版主,网名叫"妄想的鱼",与孩子们打成一片。多年后,我离开了海口,在珠海的香洲区实验学校,我和同事们一起建设了一座真实的"创想城"(IDEA CITY),每个周五下午是几千个孩子的自由创想时光,80多个丰富多样、可供选择、回归生活而又更加强调创造与实践的兴趣课程任孩子们自由选择、自由创造。当陈鹏老师飞来珠海,进入我们生机勃勃的"创想城"时,我们的眼睛湿润了。这么多年过去,我们对创造教育的热情依然在,我们年岁渐增却童心未泯,我们无法改变更多但我们始终没有放弃。

在此过程中,有两方面的阅读促进了我的思考。

一是维柯的《新科学》。此书内容博大繁杂,对我来说不是很好读,但我还是极感兴趣,因为维柯对诗性智慧的提出,让我有振聋发聩之感。维柯揭示了一个重要的事实,在人类的童年阶段,各种丰富的想象是一种诗性,也是创造。所有的事实也表明,儿童时期强烈的好奇和丰富的想象是一种珍贵的诗性智慧,表现出旺盛的创造力。基于我对"诗性智慧说"的认同,我思考诗性的教育应该是怎样的。应是像马拉古齐的《不,一百种是在那里》那样,学校应该看到每个儿童内在的诗性与不同,让百种儿童实现百种选择,追求百种自由,拥有百种喜爱,完成百种甚至更百倍的创造。学校的使命在于让儿童的天性得以自然展现、自由释放,而"创想城"的意义就在于完全地承认儿童是具有诗性智慧的存在,坚持儿童教育的目的在于以儿童为本位,立足于儿童的天性也即诗性,培育儿童成为具有诗性智慧的完全之人。此部分内容写入本书第一章。

二是优秀童谣诗人金子美铃的童谣作品。奇特的想象、纯真的情感、对事物强烈的好奇心、对自由的理解和表达、对童话般美好世界的追求,我们成为大人以后就渐渐丢失了的这些珍贵的东西,在童谣阅读中能够一点点地找回来。我确信,教师有了童心诗心,方能呵护和激发儿童的童心诗意,发展儿童的诗性智慧。回归童真,唤醒自己的诗性智慧,我选择了金子美铃的作品进行重点阅读,带一本她的童谣,去她的家乡,感受她童谣作品中的地方风物,遥想童谣中的纯粹与美好,体悟童谣创作的真谛。随后,我选择适合的童谣编入语文阅读课,又将自己写的童谣构成了童谣创作课程。师生共读童谣,回归童真、唤醒诗性,为诗性智慧的核心——儿童创造力的珍视与培养——找到一条语文的路径。此部分内容写入本书第二章。

四

写到这里,我要特别地感谢上海市教育科学研究院杨四耕老师。十年前,杨老师对我说:"你特级教师,'特'在哪里,写一组文章来看看。"这使我正视自己的不足,认识到在基本功比赛、公开课、小课题之外要有自己的教学主张,有自己的研究方向,有自我学习和自我超越的专业能力。今天,我以诚惶诚恐的心等待着他对我这本不成熟的书提出深刻的批评意见。

我要感谢曹靓、罗琳、胡红元、王萍、黄丽君、张雪梅、杨丽华、李明霞、潘虹,她们对我的工作提供了很多支持。感谢成时娟、陈旖旖等几十位参与我课题的教师,本书第三章中我列举了课题组教师发在课题博客上的教学例子,举例的时候都列出了课题组相关教师的名字。感谢与我一起实践创意表达课程的孩子们,他们在课堂上的积极参与让我们真切地看到儿童的灵性。感谢我的儿子桂子玙,本书第一章我引用了他成长博客中的日志,他也是当年"创想城"(IDEA CITY)网站中年龄最小的成员。感谢我的朋友郎敦物,他总是以批判的精神对我的思考和写作提出极为宝贵的意见。感谢我的父母亲,他们对我的爱让我拥有美好的童年绘画和童年阅读,直到今天那些在童年时积淀的素养都在深刻地影响着我。

最后,感谢陈鹏老师,近二十载的交往,一切都围绕教育,围绕儿童。新的一年,我将在新的学校再造一座学习之城——不叫"创想城"(IDEA CITY),而叫"理想城"(IDEAL CITY)啦!欢迎大家来这里畅游、畅谈……

诗性智慧与创造力培养

维柯揭示了一个重要的事实:在人类的童年阶段,各种丰富的想象是一种诗性,也是创造。所有的事实也表明,儿童时期强烈的好奇和丰富的想象是一种珍贵的诗性智慧,表现出旺盛的创造力。我们的教育是否很好地珍视并促进了儿童的诗性智慧? 小学语文教育应如何培养儿童的诗性智慧,从而使儿童的创造热情和创造能力得以发展,并对儿童产生长久持续的影响?

第一节　诗性即创造

"为什么下雨呢？"
"因为草地渴了啊！"

一

因为草地渴了，所以天空下雨。因为我想舒服地躺一躺，太阳又将草地晒干了。这样的对话常发生在亲子之间，也可能是儿童的自言自语。我们夸赞儿童的奇妙，为他们的童真童趣，为他们的诗心诗语。似乎每一个小孩子都有过这样的时候，像一个天生的诗人，天生的音乐家，天生的哲学家，小小的生命与生俱来地充满着不可言说的灵性。

这种灵性，是什么呢？

出生于意大利那不勒斯的哲学家维柯，在他18世纪的著作《新科学》里提出一个概念：诗性智慧。

维柯认为，在人类的最初，处在人类历史前夜的原始野蛮人就像初生的婴孩，对各种事物无知却又倍感新奇，他们"没有推理的能力，却浑身是强旺的感觉力和生动的想象力"，这种"强旺的感觉力和生动的想象力"是一种最原始、最本质的智慧。因为能凭想象来创造，他们就叫做"诗人"，"诗人"在希腊文里就是"创造者"。

诗性，是什么？

诗性是"创造"。

诗性智慧，是一种"创造的智慧"。

从这个意义上来说，人类原始民族的各种思想、神话、传说，都是由一些具有强烈诗性智慧的人们创造的。

二

在整个人类的童年期，人类对万物的认识处于蒙昧状态，没有抽象概念，没有逻辑思维,他们用身体感官去想象自然,以一种带有浓厚的、神秘的、非理性的直觉的方式认识世界。

维柯想象,当人类面临大洪水灾难的时候,有少数巨人在原野游荡或散居于高山森林里凶猛野兽筑巢穴的地方,天空翻转的巨雷和闪耀的疾电使他们感到恐惧和惊惶,举目仰视,才发现了上面的天空。由于巨人们通常用咆哮或呻吟来表达自己的暴烈情欲,于是他们就把天空想象为一种像自己一样有生气的巨大躯体,把爆发雷电的天空叫做约夫(天帝),创造了人类的第一个天神。

世界各民族就是以这种思维方式创造了历史。各种神话故事的起源都擅长把人变形或与其他动物特征结合,长着双翅的丘比特,人首蛇身的女娲,或者《山海经》里的精怪,形形色色,千奇百怪。人类的祖先就是这样通过创造的方式去理解,而理解的核心在于想象,以想象创造诸神,把诸神置于自己心灵的理解范围之内,置于自己的想象能够容纳的结构之中,把一种令人满意的、可以理解的人化的形式强加于某种经验。唯有这样,他们才能与这个诸神环绕的世界沟通,才能最终认知诸神。

在无知的境地里,人会以自己作为世界的中心;面对辽远的未知的事物,则根据近旁的熟知的事物去想象。把自己当作权衡事物的标准,把自己当作世界的中心,从自己的本性出发,从自己的感觉体验和情绪出发,把一切事物都看成具有生命感知的存在。

儿童,不也是如此吗?

三

维柯说,唯有诗人才是真正的创造者。

我们说,每一个儿童都是天生的诗人。

我们说儿童都是诗人,因为儿童与诗人的共性在于他们同样地富有旺盛的想象力和丰富的创造性。

我们说儿童都是诗人,因为儿童与诗人都会凭借形象思维和强烈活跃的想象力去构想"天神"(儿童世界里各种神奇的形象、奇妙的故事),对自然的理解建立在强盛的感知力和生动的想象力之上。

我们说儿童都是诗人,并不是强调儿童一定要善用抽象的文字符号来写诗,在此,诗不只是文学的样式,而是在强调儿童与生俱来的诗性,它是儿童生命存在的方式——儿童诗性智慧的本质在于想象与创造。

生活中,我们处处可见儿童的诗性智慧。例如,举着一块圆形饼干说"太阳",咬一口看着剩下的大半块饼干,又说"月亮",这是记忆中我的孩子牙牙学语时的创造。有时他着迷于小小的矿泉水瓶盖,把玩念叨:"盖盖,开开!"又将它置于自己头顶,宣告:"帽子,戴戴!"这种伴随想象的自言自语和与事物进行的对话,说明孩子已经创造了一种趣味十足的游戏,他兴致勃勃地进行各种想象和关联,乐此不疲。这种现象,正是儿童诗性智慧的表现,弥足珍贵。

我与朋友们一起交流,发现每个家庭的孩子都不缺乏这样的想象和创造:看到妈妈烫了头发,会说"鸟窝";看到园林工人修剪路边的树枝,就说"在给树理发";一片树叶,放在布娃娃身上就是"盖被子",卷起来又变成了"望远镜"……李白《长干行》里有"郎骑竹马来",古今儿童并无分别,一根竹竿充当高头大马,张开双臂就是小鸟或飞机。他们随时创设情境,像模像样地扮演着医生、病人、教师、家长等角色,在各种场景和角色中切换,与自然事物交流对话,没有任何规则,也没有任何障碍,热情投入,即兴创造。

马斯洛说:"几乎所有的儿童,在受到鼓舞的时候,在没有规划和预先意图的情况下,都能创作一支歌、一首诗、一个舞蹈、一幅画、一种游戏或比赛。"像这样完全快乐的、自由的、无忧无虑的、纯粹儿童式的诗性智慧,就是一种最初始的创造力,在人的一生中是非常宝贵的难以长久保有的品质,值得所有的父母和教育者高度重视。

与原始思维相似,儿童的思维比我们的思维更为自由。在儿童的画作里,太阳和雨滴,日月星辰和天地人,都可在同一个时空画面中共存。生气的妈妈和高兴的妈妈同时出现,这在现实生活中不可能,但在儿童的诗画中很常见。这是因为儿童的心理表象带有强烈的主观非理性意识,自然界的一切都由他们任意解释,任意安排,任意表现。

儿童的诗性智慧表现为明显的原始整体性。整个世界完整地统一在儿童那里,尚未分化,表现出一种混沌状态。主客体不分,以自身的内在尺度去观照事物,将客体搜罗、同化于自身的图式中,皮亚杰称之为自我中心主义。

儿童的这种自我中心意识导致了他们思维的泛灵倾向,即把一些没有生命的物体看作和他们一样有生命、有感情,自己与世界一体,主客互渗,以己度物,与自然万物对话。因而,儿童的诗性智慧洋溢着诗意的本真浪漫,也具有超现实性、非理性性与原始完整性。

我们看看儿童眼中的太阳。①

太阳

胡梓颖(三年级)

太阳是个活泼的娃娃,

躲在云朵姐姐后面,

和我们捉迷藏。

太阳还是个小裁缝,

每个早晨和傍晚,

都给大地做一件金衣裳。

太阳

陈焱(二年级)

太阳公公要替笋芽们照相,

笋芽们都想站在最前面,

连还在泥土里睡大觉的笋芽儿,

也从地里钻出来了。

太阳,在第一个小朋友的眼里是活泼的娃娃、小裁缝,在第二个小朋友的眼里是个摄影师,很不同。太阳在云朵后面,却是为了跟我们玩捉迷藏;笋芽儿钻出地面是为了生长,在孩子的眼里却是为着让太阳这位摄影师给照相。两位小朋友推己及物,将自己的思想情感和故事创造投射到太阳、云朵、笋芽儿身上,赋予自然事物以活泼的生命。这种被成人视为"假想"的东西,在儿童那里却是作为鲜明的现实来感受的。

这就是儿童的"诗性智慧",其核心就是"想象的创造"。

四

然而,随着儿童接受严格的小学教育,伴随主客体之间的分离,儿童的诗性智慧会相应地"衰微"吗?儿童的诗性智慧会完全地消失殆尽吗?

写作此书时,我打开我的儿子桂子玙 7—12 岁的成长博客,摘录了一些不同年份的片段,尝试从中一窥儿童天生拥有的诗性智慧在小学阶段的发展变化。

---

① 下面两首童谣选自作者主持的广东省课题"通过言语表达训练提升中低年级小学生创造力的研究"成果。

一朵朵黑色的乌云翻滚出来,我仔细一看,不是云,是一个怪兽,怪兽吐出黑黑的浓烟,把白云都变黑了。对面的楼房着火了。(2005年2月27日,7岁)

嗒嗒,嗒嗒嗒嗒,开始下雨了。雨点落在地上,在地上散步;雨点落在伞上,在伞上滑滑梯;雨点落在池塘里,在池塘里游泳……(2005年3月1日,7岁)

下午2:20,"轰隆隆",闪电向我们冲来,雷向我们打来,同学们成了落汤鸡,他们向教室跑去。绿色的操场成了一片汪洋,只有篮球架呆立在雨中。(2005年10月21日,7岁半)

我得承认,当年读到这些语句时略有几分欣喜,为儿子有那样丰富的感受和富有想象力的创造性表达。显然,进入小学阶段后,儿童对周围的事物有了很多客观认识,词汇量大大增加,抽象思维开始发展,开始有意识地运用直观事物进行比喻或拟人。丰富的想象成为儿童的精神与事物的会合地,从这些日记可以明显地意识到,孩子是在有意地"创造"了。

真诚就像一潭湖水,虚伪就像一团团泥巴,虽然真诚有时会遭到虚伪的攻击,但是泥巴在湖水里沉淀,湖水依然清澈。真诚是极朴素的打扮,但却给人高尚的感觉;虚伪是极华丽的打扮,却给人恶心的感觉。真诚能化丑为美,虚伪只能让丑更丑。(2009年9月20日,11岁半)

感谢和感恩是什么呢?是一对双胞胎?或许是吧,但是感恩的语气会比感谢的语气重很多。……人的情绪是多样化的,是摸不清楚的,就像大洋里的海沟有什么东西你也未必能知道得一清二楚。它还像一个黑洞,一切都是未知的。(2009年10月15日,11岁半)

进入小学高年级,孩子的抽象思维能力得到发展,词汇量更为丰富,能够借助具体的事物来描绘抽象的概念或关系。把"真诚"和"虚伪"分别比作"湖水"和"泥巴",又从拟人的角度将之比作不同风格的打扮,将二者之间的关系想象成虚伪对真诚的"攻击",以及"泥巴在湖水里沉淀"、"湖水依然清澈",说明这个阶段的孩子能够以生活中常见的实物比拟抽象的概念及其关系,揭示抽象与具象之间的相似性。把人的情绪比作"大洋里的海沟",比作"黑洞",则可以明显看出当词汇量随认知的发展而变得更为丰富时,思维与表达中的隐喻也更加丰富。我感悟到,抽象思维、理性思维的发展并不会令儿童的诗性智慧消失,尽管它仍保留着之前阶段的直观和拟人化的特点,但也变得更为丰富和成熟。

孩子 12 岁作文《我心中的阳光》节选(2010 年 8 月 5 日):

> 花儿需要阳光,因为没有阳光它会凋谢;小草需要阳光,因为没有阳光它会枯萎;大树需要阳光,因为没有阳光它便无法生长。我同样也需要阳光,因为阳光是我生活中无法缺少的,它能让我更快地成长。
>
> 在我的心中,阳光便是爱。它是父母的爱,是在我高烧时头上不断翻滚着的毛巾,我一回家便听到的亲切呼唤。它是亲友的爱,是在我看望外婆时外婆做的香喷喷的米粉蒸肉和酸甜可口的带鱼,是我在春节回临高看望爷爷奶奶时他们用那粗糙的手放进我口袋里的一个小红包。它是老师的爱,是在我考试成绩不理想时关心的话语,是在我遇到难题时热情的解决。它同样是社会的爱,是在迷路时路人的热心指点,是在跌倒时别人的扶助。

这是文章的前两段。明显看到孩子能够熟练地对抽象的概念进行一系列诗性的隐喻,但也无法否认,这些隐喻不乏众所周知的陈词滥调,它是那样地符合社会群体对"爱"这个概念的认知,符合大众认同的社会文化。

回忆前述孩子二年级的日记,某些措辞采用偏离的方式,更富有一种"诗性"。然而六年级的作文表达,其成熟、老练、流畅、落入俗套而令我不安,并引发我进一步思考:儿童进入 12 岁,乃至将来,其"诗性智慧"(也即创造性)是否会因为思维的系统化和成熟化,导致不足甚至丧失呢?

不过,在此之后两个月左右,孩子写下这样一篇日记:

这个中秋节,我和爸爸还有姑姑一家回了一趟临高。我们是打算在临高过中秋的,所以便把月饼等东西都带了回去,还准备了枕头,准备睡在院子里赏月呢。

可是,我们的这个愿望并没有得到满足。因为我们要想赏到月亮,就得占尽天时、地利、人和。"地利"是有了,就是院子里;"人和"也有了,大家都很想看看十五的月亮;就剩下这"天时"了,可老天偏偏就不给我们个好天气。

9月22日中秋节这一天,我们整一天都待在家里,期盼着晚上的到来,好让我们能看到那黄黄的如同月饼一般的月亮。可惜,从下午开始就一直在下雨,下得没完没了。雨滴就如同机关枪一样打在房顶的瓦片上,"哒哒哒哒"响个不停。我待在屋子里面,听着瓦片上那不间断的"哒哒"声,心里亦是烦闷。

傍晚,雨好不容易停了,但天空依然是阴云密布,漆黑一片,仿佛又在酝酿着一场大雨。我们一个大家族的人都围在院子里吃饭,天虽然黑,令人心情不好,但饭很好吃,洋溢着一种朴素的味道。吃过饭后,我和阿亮、阿路到外面去散散步,顺便捉了几只蜗牛来玩,打发打发时间。

晚上回到家,洗了个澡,看了会儿电视,又打了一下牌,我们一家人都在等待着月亮跃上房顶的那一刻。可惜天不如人愿,因为云多,月亮始终没有出来,所以我们只好很扫兴地睡觉了。直到睡着前,我还想着半夜云会不会退去,好让我能看上一眼月亮。

虽然说这一年的中秋节因为天气的关系没有看到月亮,但我们回到了老家临高,和爷爷奶奶团聚了一番,也算是几块月饼馅合到了一起,变成了一个大月饼吧。(2011年10月21日)

孩子的这篇日记让我的担忧一扫而空。有些比拟仍是具体的以物喻物,"黄黄的如同月饼一般的月亮""雨滴就如同机关枪一样打在房顶的瓦片上,'哒哒哒哒'响个不停",将月饼的颜色和形状同步描摹、将雨打瓦片的听觉感受和心理感受同步表现,在这种细腻而多方面的感受中显示出一种审美的特别。以"月饼"来代表"团圆","老天偏偏就不给我们个好天气",似乎都是大众的比拟,称得上社会共有的观念、概念,并不特别显示出"诗性"。然而,讲天空"仿佛又在酝酿着一场大雨",造酒的发酵过程为"酝酿",事情逐渐成熟的准备过程也为"酝酿","天空酝酿大雨"则令"天空"具有了怀有某种目的的主动性,引发特别的想象。"饭很好吃,洋溢着一种朴素的味道","朴素"通常指颜色、式样的不浓艳、不华丽,在此用于事物的味道,进而引人联想食物的色香形味,搭配"洋溢"一词反倒烘托出普通人家中秋之夜用餐的和乐氛围。

上文的末尾,将家人的团聚比作"算是几块月饼馅合到了一起,变成了一个大月饼吧"则看似仍以月饼喻意中秋,但没有受到传统的"中秋月饼"与"团圆"这一隐喻的禁锢,而是略有偏离地表达,富有创造性地展现独特的想象,避免了传统隐喻的僵化,让我看到了儿童进入青春期获得认知与理性思维的新发展后,其诗性智慧的另一层飞跃。

五

按照维柯的提示,回看人类的历史,人类认识世界的方式经历了一个过程。起初只是用身体而不是用头脑去感觉,原始人的生命本身是诗性的,他们的想象创造依托于具体事物和具象的语言,处于诗性的本真状态。

维柯认为人类的历史在本质上是一种诗性历史,诗比起自然科学产生得更早,诗即创造。他超凡地意识到在笛卡尔之后的机械的科学理性并不能够完全、完整地说明人和世间万物,他回到人类的童年原初去寻找人类认识自然、认识自我的答案,从中发现了人类诗性智慧的伟大意义。正因为此,他将自己的论著命名为《新科学》。

亚里士多德曾指出,诗比历史更真实,历史学家描述已发生的事,而诗人描述可能发生的事,因此诗是比历史更哲学的、更严肃的艺术:因为诗所说的事多半带有普遍性,而历史所说的则是个别的事。

培根对诗性认识世界的价值谈得更明确,他认为,诗性的表达虽然有某种程度的虚构性,但它的价值仍然在实证之上,"世界在比例上赶不上心灵那样广阔。因此,为着使人的精神感到愉快,就须有比在事物的自然本性中所遇到的更宏伟的伟大,更严格的善和更绝对的变化多彩。因为真实历史中的行动和事迹见不出能使人满足的那种宏伟,诗就虚构出一些较伟大、较富于英雄气概的行动和事迹"。

儿童的诗性智慧,是人在生命最初的智慧形态,是儿童诞生后认识、适应、创造和理解世界时的一种智慧,是儿童认识与把握世界的基本方式,是儿童的基本生存状态。换言之,诗性智慧是一种原始的创造性思维,这种智慧展现出一种超越逻辑和知识的灵性。

这是维柯的诗性智慧对我们教育工作有所启发、有所参照价值的基础。

只是——

当儿童在成长过程中,由感性思维转向理性思维、由具象走向抽象,当儿童逐渐趋于理性、迈向成熟,那与生俱来的诗性智慧是否会消失?

这是我作为教育工作者在长久的教育实践中要予以追问并深思的。

第二节　诗性的儿童教育

孩子

是由一百种组成的。

孩子有

一百种语言，

一百只手，

一百个想法，

一百种思考、游戏、说话的方式。

一百种，总是一百种倾听、惊奇和爱的方式，

一百种歌唱与了解的喜悦。

一百种世界，

等着孩子们去发掘；

一百种世界，

等着孩子们去创造；

一百种世界，

等着孩子们去梦想。

孩子有

一百种语言，

（还多了一百种的百倍再百倍）

——马拉古齐①

一

意大利教育家马拉古齐的《不，一百种是在那里》，表达了他对儿童诗性智慧

---

① 编者注：本诗版本较多，本书以南京师范大学出版社 2006 年版的《儿童的一百种语言》一书中的译文为准。

的洞悉，也给了我振聋发聩的重要提示。每次读，我都会涌动不止百种的想象。每一位成人都是从儿童的诗性中走来，只是有多少人还能记得那童年的诗性？如果忘了，请读读马拉古齐的这首诗。

儿童是具有诗性智慧的存在。他们像一粒粒包含一切的种子，既饱含着一切智慧，又留着先天的原始完整性，是人类各种智慧类型的母体。各种智慧的胚芽聚集在儿童身上，悄然生长，又待时而发。

儿童成长的创造性动力来自内部。教育是一个由外促进内在发展的过程，是自我展开和自我实现的过程。教育的最终目的不仅仅是传授已有的东西，还要把儿童的诗性智慧诱导出来，将生命感、价值感"唤醒"，使人原初的旺盛创造力得以鲜明地呈现。学校的使命，就在于让儿童的天性得以自然展现、自由释放。

二

儿童的诗性智慧常鲜明地表现为一首童谣，一幅画作，一个游戏。学校设计的课程通常都不会缺乏童谣的读写欣赏和绘画的系统练习，然而，人们又都容易忽略这些系统的学习之外的最为重要的一个东西——儿童原初的、自由的、发挥想象并动手构造的游戏活动，比如玩沙子。我想，教育者们作为成人，不应该忘却自己的童年，面对儿童，应着力为儿童创造一切能够令他们直接接触自然、自由活动的条件。

曾经，我的办公室在二楼。凭栏望去，鱼池假山苍苔凝露，凉亭幽径花影迷香，各色灌木规整有型，几个小园林为学校在省绿色校园评估中加了不少分。然而全校三千多个孩子，怎么没看到有几个到园林里来？漫步园林中，我有所思：这些园林不是从儿童视角去设计构建的，虽规整有加，却只能迎合部分成年人的审美吧。深入思考后，我决定锄去低年部的部分灌木，为一年级的五百多个孩子做两个大大的沙池，离孩子们的教室只有几米之遥。

沙池建成，我听到了抱怨，诸如下课之后人满为患，扬沙出池，沙踪遍地，似乎沙池成了一个不大不小的问题。让学校环境（即园林）与人（即儿童）的活动发生关联，这是一个失败的尝试吗？

很多次，看到孩子们全心全意地在沙池里玩耍，或堆建，或掘坑，或写画……我长久地注视，观察他们的神情和行为。我似乎在寻找、发现孩子对沙子如此着迷的原因,并费劲地回想自己幼时关于沙子的记忆,遗憾的是大部分遗忘了。但我能百分之一百地肯定,幼时一定也曾像眼前的这些孩子们一样投入到玩沙子的游戏中。至于我从玩耍中得到了什么,它是否对成年的我有什么影响,我几乎全然无知,并且疑惑为什么感觉不到了呢?我相信很多成年人也会有此困惑,我没有答案。眼前的事实是:孩子们兴致勃勃、聚精会神、专心致志地在沙池里玩耍!他们才不会像成年人那样顾忌沙子是否脏,是否有很多细菌微生物。几乎任何一个孩子,在遇到沙堆或沙地时,都有想玩耍沙子的念头,都会伸出手去,只要大人不去阻止他。

在成年人看来简单乏味的沙子(我想还应加上黏土之类)的游戏为什么能如此吸引孩童乐此不疲呢?这种游戏对孩童意味着什么?

我尝试着做一点思考,尝试着建立一个至少是可被证伪的猜测观点:人类首先经验的对象一定是自然中的天象、气候、高山、河流、土地沙石和各种各样的动植物。沙的特性是松散的、流动的,在一定的湿润度下又有一定的稳固成形的特点。黏土更具有便于塑造成形的特点。沙子、黏土更为根本的特点是全然不像人类为幼童有意识地设计和制造的玩具(从简单规整的几何形体和色彩鲜艳的积木到人类生活的模仿玩具,如汽车、飞机、房屋,最为典型的芭比玩偶则更是包含了人们生活的许多内容和模仿)。仔细地观察孩子们玩耍沙子、黏土,我注意到孩子们的行为普遍有如下特点:试探、学习、猜测、建设、想象、创造,等等。儿童在自然的或一般状态下的沙子、黏土上,不论是堆积或挖掘,不论塑造的样子有多么粗糙、原始甚至是无可名状,这一切都让我不能不承认:这一切,都是有意识的诗性智慧的创造活动;这一切,是孩子们尝试着与自然事物对话,自然界的物质被孩子们的诗性智慧赋予了主观意识而改造或变化!想想看,这有多么神奇和伟大!沙、土或其他自然界的最基本的物质,作为孩子们的想象力和创造力在物质层面的延伸,显然是成人有意识地为孩子们设计的环境或玩具难以替代的。在这样的最接近于原初的自由玩耍中,儿童以直觉的方式去触摸,去想象,去创造,这不就是维柯所说的诗性智慧吗?

恰巧有一天去兄弟学校参观,校长介绍说打算把一个已有的沙池拆除改建成凉亭,用来遮阳挡雨兼美化校园。我立即想,我的下任校长会将我建的两座沙池给封了吗,抑或改为凉亭与花架?这是完全可能的啊!就仿佛他也像我一样几乎忘却了童年的沙子游戏了吧!黑柳彻子在她的书里回忆并感慨一切不复存在了的幼年学校的种种独特设施，车厢教室，每人专有的一棵树等。将来，会不会有孩子回忆起童年时的这所学校，曾有过一个给他带来许多快乐的沙池，永久地存在于他的记忆中？

幸运的是，教师们认同了孩子们对沙子的喜爱，她们在孩童的身上看到了曾经的自己，她们尊重并且悉心地呵护一年级小朋友最宝贵的纯真，她们时时以孩童的纯真为镜子，去照见自己作为一个成人的不足，从而最大程度地唤回自己的天真。

"五百多个小孩下课都去玩沙，挤闹成一团！没办法管！"——教师们有办法，既然都爱玩，就十个班级轮着玩。

"玩得整个园林里都有沙子，脏兮兮的！"——教师们有办法，请来三年级的环保小卫士领着一年级小学弟、小学妹打扫园林，将扬出去的沙子扫拢了又倒回沙池。

"小石子儿也一股脑地倒进了沙池，拣也拣不完！"——教师们有办法，买几个网眼筛子放到沙池里，孩子们玩的时候发现了筛子的秘密，筛呀筛呀，石头和树叶都筛出来了，筛底留下的是细细的沙子，细细的阳光！

早晨，沙池里出现了巨大的沙画，那是一个太阳般的笑脸，低年部的每个楼层都能看到它。这不就是诗性的童年吗？

英国诗人华兹华斯曾经语出惊人：儿童是成人之父。他的话深刻地表明了儿童的诗性智慧对人终其一生的重要性。

保卫这两个沙池，仿佛保卫童年。

三

我们的学校有三千多个学生。那么多的孩子，各是各的样儿，可是人们恨不得他们长成同一个样：鞠同样的躬，着同样的衣，排同样的队，学同样的课程，说同样的话，讲同样的道理，追求同样的成熟、同样的理性、同样的优秀。让天真、直觉的诗性尽早消退，让成熟、严谨的理性统领全体，哪里存在一百种的儿童，更遑论有什么一百种的百倍之百倍的儿童！

这是许多学校的现实。就理想而言，其实"有一百种"，甚至"还多了一百种的百倍再百倍"。如何实现呢？如何让百种的儿童实现百种的选择，百种的自由，百种的喜爱,百种甚至更百倍的创造呢?

我们进行了艰辛的思考和探讨,决心以巨大的热情和努力,为三千多个儿童把学校办成一座巨大的乐园、城堡。维柯说诗性即创造,我们就给这座乐园和城堡命名为——"创想城"。

"创想城"什么样?

"创想城"里,有3 548个小公民,每个星期五下午是专属于他们的创想时间。

"创想城"里,有80多个可选择的课程,每个孩子可以自由选择自己喜欢的课程。

"创想城"里,发行"护照",孩子们拿着"护照"通关,从一个课程走向另一个课程。

我们在"创想城"里为几千个孩子提供丰富多样的,可供选择的,方式灵活并且强调体验与创造的个性化课程。因为我们的愿望是借由"创想城"为在这里度过小学六年的每一个孩子提供一个完全尊重儿童诗性智慧的世界:这里,每一个孩子都按自己的兴趣自由选择,按自己的意愿自由创造;这里,包容所有的梦想、幻想、理想、奇想,并愿每个孩子心底的诗性种子在未来长成参天大树! 这里,呵护每一个孩子的诗性!

有人说,他们的学校有120多个课程。也有人说,你们都在给课程种类做加法,是不是应该做减法? 那么,课程是越多越好吗? 推崇减法的课程,是否是重新回到文科取士时代,只单纯地学习经史子集即可?

由此带来的思考是:追求诗性教育的学校究竟应该有多少个课程?

在我看来,没有任何一个课程是唯一涵盖全部知识的。孩子们从天然所具有的学习活力中自由追求他们想要学习、探寻的事物,这正是教师们广泛提供多种课程的动力之源。因此,关于课程,多种多样的需求是不证自明的。在我的想象中,理想的课程必须符合以下几个原则:

一是自我成长的土壤。自我成长,是指教师突破体制内的刻板功利的教育方式,学生充分发挥自由学习知识的活力,从而使得学校从僵化的教学机构转变为适合师生自我成长的场所,成为一片充满创造活力的自由土壤。

二是自然生发的秩序。鼓励教师充分发挥自我价值,尊重学生自由表达、寻求知识学习的方向,由教师和学生的互动而自然生发新的课程。在新的课程发展过程中,自然淘汰,"物竞天择"。这就是它的自然秩序。

三是猜测与反驳的方法。任何一个自然生发的新课程,毫无例外地必须运用猜测与反驳的方法予以验证。欢迎教师、学生、家长和社会对课程提出意见和建议,允许每一个新的课程经历试错、检验。正是在这样的历程中,课程得以科学地、健康地发展。

四是开放与融合的结构。开放的课程,犹如自然界,犹如社会,犹如人,只有在自由开放的状态下才具有一种可持续的发展远景。开放之下的课程结构,融合必会自然生发。无数的融合,使得开放的结构更加丰富,更具有活力。

总之,"创想城"以自然生发秩序为原则,摒弃僵化功利的计划,充分发挥师生学习的自主性、课程的自然创生性,顺势引导和扶持,允许出错,允许失败,鼓励竞争,鼓励榜样与创造。

唯其如此,"创想城"才能唤醒教师自身的诗性热情与智慧,才能以诗性的课程呵护和激发儿童的诗性智慧,实现教育的诗性气质,走向教育的诗性创造。

四

"创想城"开办五年整,吸引了大量教育同行前来参观访问,《中国教师报》课程栏目主编郭瑞连续两天深入"创想城"访问师生数十人,以两个完整大版面将"创想城"推上《中国教师报》2016年暑期课程榜。

访问者提得最多的问题是:"如此庞大而有活力的创想世界,你们究竟是怎么做到的?"

我通常会强调四个方面。

第一,"创想城"里的师生是在共同寻找课程学习的需求。重要的前提是:我们是成人,是教育者,我们不妨回忆自己的童年,不妨观察自己家里的孩子,不妨多站在儿童的立场去理解课程的出发点,也就是真正把儿童放在课程的中央,放在教育发生的原点。当教师回望自己的来时路,回眸幼时的天真、自由、好奇、好动时,教师便能够更加理解儿童,从而充满热忱地倾听和寻找学生的学习需求,鼓励学生真实自由地表达,在课程设置与开发中认真分析和回应,从而建立起"创想城"课程的运作模式。

在"创想城"里,学生的学习需求是被多角度、多形式、全过程、多轮次地倾听并回应的。开学第一周的课程报名实行双向选择,可看作学生学习兴趣的试金石。所有的课程由教师设摊广告纳新，不能引发学生兴趣的课程门可罗雀，热门课程则人气爆棚，教师可以反选学生。三年级的杨波老师恰是在开学第一周的课程招新中遇冷，而后真正用心探寻学生的学习需求，终于开出了一个金牌课程"精工巧手匠"。六年级的陈俊老师原本有一个颇受赞誉的"叶画创意"课程，但是他观察到课程内容对于高年级学生并不具有持久深刻的吸引力，于是毅然转型，改为毕业班孩子重新创设一门"尤克里里"课程，成为毕业季风靡 12 岁少男少女的高人气课程。王静芬、贺茜薇老师的电脑刺绣课程，吸引了以顽皮闻名全校的男孩小皮同学前来报名，这二位老师专门关注小皮同学的课程兴趣与表现，不断鼓励他投入专注的设计学习活动，直至学期末小皮持"护照"通关，获得学期评定嘉奖，令小皮的班主任也为他的进步而欣喜。对学习需求的关注与回应，伴随课程实施周期的全过程，成为课程发展的活力源泉。

第二，"创想城"的课程生发，基于兴趣、资源、理想三个维度的考量。兴趣是课程的起点，资源是课程的条件，理想是课程的方向。课程的目标、内容、实施、评价，在与兴趣、资源、理想三者的结合中，实现自然的生发、生长。

每学期期初的课程招新，我们看到 80 多个课程在百花齐放中以学生兴趣选择为考量的竞争。教师们精心准备课程广告和摊位展品，以课程魅力招徕学生，如果来选课的学生人数超出计划，教师将实现反选，是名副其实的双向选择。课程在实施过程中会有大大小小的开放日，每个课程派出 3—5 名小观察员去访问其他的课程，完成观察量表。孩子们在观察量表上的心语和在期末"护照"评定中的结语，带给教师们创生课程的不竭动力。

课程在实施过程中不断经历猜测与反驳，也不断汇集兴趣、资源、理想。黄珊老师的"远行旅行社"课程一度衰微难以持续，随着校外参访人员的大量涌入，教师带领学生开发出不同的"创想城寻宝路线"和"创想城体验之旅"等个性化方案，为各类参访人员提供校内导游服务，参访人数由 30 人至 300 人不等，从而有效地拓展资源，成就理想，课程在后期还更名为"侠客行天下"，成为一个鼓励创造性社会实践的金牌课程。杨波老师的"精工巧手匠"课程实现了孩子们的跨学科课程学习梦想，他们在互联网上发布孩子们自己录制的精美发夹制作课程，携带大家的作品去商场参加闲置物品交换节并设摊售卖，去敬老院慰问，去残联教残障人士开发产品；当孩子们对发夹制作兴趣下降时，用销售盈利购买新的原材料，兴致勃勃地转而开发人造琥珀类工艺饰品的设计和制作。

如此,教师和学生在课程实施中不断拓宽课程资源,回应课程需求,努力推动课程朝更理想状态演进。这成为"创想城"里的自然秩序。

第三,"创想城"课程在师生的共同构建中不断发现和纠正缺憾。任何一个课程的内容都不是天然地具有不可更改性和永久性的,"创想城"里的每一个课程都在实践中经历试错、验证和更新。学期末,经由教师、学生、学校课程管理团队多方面评价,"创想城"诞生了一批钻石课程、金牌课程,也出现了若干待改进课程。蒋慧丽级长带领年级教师从职业体验角度出发设置"幸福小区"课程,其中的"幸福物业管理"、"美丽园艺师"仅出现一个学期就消失了,"趣味儿童数学"则在困境迷茫中毅然转型为"神奇魔方秀",成为连续几学期都人气颇高的金牌课程。"童心沙画"课程起初因内容过于低幼,引发教师深刻反思,随后向市场咨询问价,毅然购置9套专业沙画设备、投影、DV来装备一间专门的沙画教室,变成"创想城"中最有文艺范、最受学生热捧的"海心沙艺"课程,风靡整个校园。

这里,反对僵化刻板的强制计划;这里,允许试错、修正;这里,鼓励尝试与更新。试错也许是痛苦的,验证却能在失望中带来思考与领悟,更新则是师生在课程层面对"知行日新"这一学校理念的践行与阐释。

第四,课程在动态的拓展变化中焕发活力。为了避免课程因成熟稳定而走向僵化,我提出一个口号:"让联谊产生活力,让连接成为习惯!"我号召大家将互联网思维用于课程建设,教师们在80多个课程之间连线、进行课程联谊、开展课程合作。每个教师、每个课程,在自由的连接中碰撞出火花,创生更多的课程资源。学生则灵活运用多样化的学习方式,在自主、合作、探究的真实学习体验中获得成长。

梁海荣老师的摄影课程,在"创想城"中非常活跃。他在课程实施中体会到对于孩子们而言,枯燥乏味的摄影知识虽然重要,但只适宜在拍摄实际操作中适当渗透,于是他频繁采用课程联谊策略,先后与"瓶子烘焙"联谊(静态摄影),与"十字绣"、"海心沙艺"联谊(相对静态摄影),与"奔跑俱乐部"、"篮球俱乐部"等跑跳类课程联谊(动态摄影),并期待学校在秋季提供一个学生作品展厅,延伸课程的展示、评议。黄晟老师的"梦想电视台"更是凭借课程联谊走出困境,他和学生在联谊中发现强大的校内课程资源,70多个特色课程及其丰富的故事可供采访与交流,学生在真实的设计、采访、拍摄、编辑中完成了一个节目制作的流程,对电视人这个职业有了更深刻的了解。每个教师、每个课程都在寻找和制造连接,他们在自由的连接中碰撞出火花,创生更多的课程资源。我们看到典型的互联网思维,每个人都是分享者,每个人都是生产者、贡献者,互联、互通、共创、共享——学校的课程生态、文化基因因此而改变。

正是在这样开放与融合的结构中,"创想城"更加丰富,更具有活力,也更具有一种可持续的发展远景。

五

"创想城"带来了什么?

"创想城"重构了一个诗性的教育空间。我们对校园空间里充斥的简陋的功能主义进行改造,使之尽可能实现美与功能的结合。建了一幢综合性的楼,使之成为全校的精神文化中心;改造 63 个常规教室、30 个功能教室、2 个架空层、2 个报告厅、3 个园林;想一些办法,使空间能够与人发生交流、互动,使之有教育的意义,成为课程的一部分,比如沙池;还有巨大的热带雨林空间,在仿真彩绘后教师请公司开发了一个热带雨林的主题网站,放几个触摸屏,孩子们可以随意浏览网站里的雨林百科知识,再做几个小木屋,设置留言板,孩子们可以在雨林里看书、留言、参与问答竞猜;甚至,购置了一个老式邮筒,开办一个"校园邮政局"课程。这一切都成为"创想城"的一部分。

"创想城"实现了教育工作者的诗性回归。美术教师杨彩霞,教室要装修成什么样,她说了算。她很辛苦地画图,寻找材料,设计桌子、柜子,与工人沟通,最后做成她想要的样子,她很满意,带孩子们做了所有的装饰品,给自己的课程空间命名为"三原色"。第二位是普通的数学教师,她带领"小农人"课程的学生在菜地里建了一间会生长的教室,种秋葵、向日葵,种玉米、豆角、薄荷,还种了棉花。第三位,语文教师万琼兰,"创想城"的所有微信文章,全部出自她一个人之手,她还主编了《"创想城"课程画册》。我认为,"创想城"为教师提供了实现个人价值和角色转换的场景,"创想城"让每位教师找到了创造的激情,实现了对教育工作的诗性回归。

"创想城"实现了每一个孩子的诗性成长。如果说国家课程侧重的是国家意志、共同素养、学术质量,"创想城"关注的则是个性发展、兴趣特长、自由成长。它创造了师生合力的课程生活,满足了孩子在国家课程之外的发展需求,使学校生活成为孩子乐于追求的生活,为孩子拥有诗性的童年提供了条件。有一些孩子是属于比较特殊的那一类,例如小皮的多动暴力、无法自控全校闻名,结果后来几个教师奔走相告,说小皮在电脑绣花课上非常专注,不影响别人了。小余在2岁时被诊断为自闭症,情绪非常特殊,却在"思思岩岩历险记"绘本创作课程中找到了快乐。小何则从小到大不肯把头发梳起来露出大眼睛,可是在剧团表演课上却主动地将头发梳到了一边,令教师们惊奇无比。教师们说,"创想城"对很多孩子有疗愈功能。某种角度来说,这些孩子并非有什么特殊处,"创想城"尊重了他们的诗性,满足了他们"一百种的百倍之百倍"的需要,他们也就呈现出圆满自足的智慧。

"创想城"让我们领悟到诗性教育的真谛。我们理解了杜威所说的"做中学"。有人说,让孩子做什么比学什么更重要,因为"做的时候必然要思考,于是,学习就自然发生了"。我们还理解了"自然发生、流淌出来的才是动力",以及"行动是老子,思想是儿子,创造是孙子",从而更加认识到不能像过去那样教学生"读死书,死读书,读书死"。我们还更加理解了维柯指出的"儿童是诗人"、"诗即创造",我们期待"创想城"成为每一位儿童提供创造力的源泉。

六

未来的"创想城",走向何方?

我的回答是:让课程永葆诗性。

诗性,意味着无穷的想象与创造。

诗性,像自然一样,千变万化,拒绝千篇一律。

诗性,意味着和谐统一,水乳交融,摈弃割裂与分离。

展望"创想城"的未来,完全有理由相信在自然生发秩序原则的指引下,它将不断推陈出新,具有长久的生命力。我期待"创想城"的发展,它将日益突破现有课程文化的僵化刻板与局限,具有更多的诗性特质,鼓励自由与创造。当全校教师和孩子们真正地沉浸于自由的个性的学习,学校的文化创新才有可能,学校的诗化教育才有可能。

未来的"创想城",将不懈追求实现人的完整、完善。"创想城"里,有梦想、幻想、创想。"创想城",是一种崇尚自由的教育,其所有的课程及其创生演变,都是对诗性的呵护激发、对心灵的自由滋养,其目的在于培养师生共同具有自由的精神、公民的责任、远大的志向。我们期许"创想城"里的每个人,为个体的生命成长确定方向,改变个体从而为社会、为人类的进步作出贡献。

七

儿童的天性如诗,儿童的诗性智慧与儿童的生命并存,即使成人无视儿童身上的诗性,从这一百种中偷走九十九种,儿童身上的诗性依然"一百种"犹在,儿童的世界仍是诗的世界。

"创想城"的存在,是因为完全地承认儿童是具有诗性智慧的存在,是坚持儿童教育的目的在于以儿童为本位,立足于儿童的天性(即诗性,也即儿童与生俱来的内在的原初的创造性),培育儿童成为具有诗性智慧的完全之人。所谓完全之人,也就是知、情、意全面发展的人,是身与心、感性与理性和谐发展的人,是具有完整人性的人,是诗意栖居者,是马斯洛所说的"自我实现者",是未被异化之人。

然而凡是对教育的现实略有知晓的人都会知道,这很难。因为这要求我们的教师也是诗人,拥有一颗诗心,一颗智慧的心、创造的心、审美的心,一颗愿意把整个心灵献给孩子的心。诗性的教育,只有诗性的教师,才能敲开童年的大门,才能进入儿童的诗性世界。

在"创想城"的80多个课程里,我和同事们以成年人之心向儿童学习,回归童年的诗性,做一个儿童世界的发现者,做一个儿童智慧的欣赏者,守卫儿童诗性的家园。同时,作为一个语文教育工作者,我从这80多个课程中选择了童谣课程这一诗性载体,希望凭借它实现对儿童诗性智慧的开启和培养。

第三节　童谣中的诗性智慧

心之忧兮，我歌且谣。

——《诗经·魏风·园有桃》

一

每一代人的童年，都有过一些童谣，或经由父母长辈口口传诵，或通过邻里伙伴之间的游戏交流，传递着民间历史文化的气息，承载着人类原初诗性智慧的光照，其意义不言而喻。

往前追溯，最早在《诗经·魏风·园有桃》中出现的"我歌且谣"，就在概念上将"歌"与"谣"做了分别："歌"有乐曲，"谣"无乐曲。

然而在现实的流转变化中，"歌"与"谣"并不存在不可逾越的鸿沟。"歌"说出来便是"谣"，"谣"唱出来便是"歌"，而"童谣"就是以儿童为主的无乐曲之歌。譬如，现行人教版小学四年级音乐教材中的一首歌，最初未谱曲之时，是一首正式发表的童谣，作者是一位百年前的诗人。

红蜻蜓

晚霞中的红蜻蜓呀，请你告诉我，

童年时代遇到你，那是哪一天？

提起小篮来到山上，桑树绿如荫，

采到桑果放进小篮，难道是梦影？

晚霞中的红蜻蜓呀，你在哪里哟？

停歇在那竹竿尖上，

是那红蜻蜓。

日本大正年间,堪称童谣的黄金时代,当时大批著名诗人投身童谣的创作,音乐家和画家也都积极为儿童创作。33 岁的诗人三木露风在北海道的一个修道院,沉浸在午后寂静的空气和阳光中,他看见窗外竹竿的前端,有只红蜻蜓停在上面,一动也不动,而由此想起了自己的童年,写下这首童谣诗作《红蜻蜓》,并于 1921 年在杂志上发表。几年后,作曲家山田耕筰为之谱曲,此后这首童谣便传唱开来。据说日本文部省在 1947 年将《红蜻蜓》的前两段载入教科书。而在诗人三木露风的家乡龙野市,每天傍晚五时整,就会响起《红蜻蜓》的音乐旋律。美妙的歌声荡漾耳际,仿佛伫立在夕阳下的田舍间,看着飞旋中的蜻蜓,在心中勾起童年的回忆和无限的乡愁。经一代又一代人传唱,亲切深情、充满田园怀旧气息的《红蜻蜓》不仅成为 20 世纪最感动日本人的童谣,也成为在世界范围广受欢迎的著名童谣。

在我看来,童谣并不仅仅是为儿童写作的,其读者除了儿童,还包括与儿童关系密切的成人:教师、家长以及关注儿童的诗人和研究者。"五四"时期,成人文学中适合儿童阅读的诗歌,首先都刊登在成人的杂志和报纸上,当时著名的各大杂志和报纸副刊为现代儿童诗歌的诞生奠定了基础。即以《红蜻蜓》来看,它的语言简单、质朴,是一首为儿童而作的童谣,然而它是由一个阅历丰富、情感丰富的成年人写出的以童年为题材的诗歌,简单素朴中传递出的那些失落与悲伤、苦涩与甜蜜,只有成年人才能更充分地理解和欣赏。这,也就是优秀的童谣能够同时为不同年龄的读者喜爱、穿越时空经久不衰的原因吧。

在此,我要特别说明的是:本文采用的"童谣"概念,不是民间文学、民俗学范畴下的民间童谣,也不是现代配有乐谱的新儿歌。本文所指的童谣,等同于现代儿童文学范畴下的儿童诗歌,它包括成人有意识地为儿童创作的、适宜儿童阅读和欣赏的诗歌作品,也包括儿童自己创作的诗歌作品。

二

童谣中的诗性智慧,首先是基于鲜明的儿童性。它是童真的,它是童趣的,它是一颗童心跃然于纸上的。

请看鲁兵的《下巴上的洞洞》:

从前	如果	你们
有个奇怪的娃娃,	饭桌是土地,	听了这笑话,
娃娃	而且	都要
有个奇怪的下巴,	饭粒会发芽,	摸一摸下巴,
下巴	那么	要是
有个奇怪的洞洞,	一天三餐饭,	也有个洞洞,
洞洞	他呀,	那就
谁知道它有多大。	餐餐种庄稼。	赶快塞住它。
瞧他	可惜	
一边饭往嘴里划,	啥也没有种出来,	
一边	只是	
从那洞洞往下撒。	粮食白白给糟蹋。	

儿童吃饭掉饭粒很是常见,诗人却能于这常见题材中塑造一个娃娃的形象,口语化的语言直白流畅,一韵到底极富音乐性,读来朗朗上口。最有趣的是那个想象出来的"洞洞"令每个儿童都信以当真,他们生怕自己下巴上也出现这个洞洞,吃饭时变得很是小心不让饭粒掉下来。

童谣的儿童性表现为趣味性、音乐性,还表现为儿童天真的本性,没有杂质、伪饰,如新涌之泉,清纯、洁净、自然。

爸爸

邱云忠

爸爸高兴的时候	爸爸烦恼的时候
说话特别大声	就不停地抽烟
连天花板都会震动	一圈一圈地吐着闷气
爸爸伤心的时候	爸爸生气的时候
眼睛呆呆的	好像火山爆发
好像一个木头人	谁碰到了　谁就倒霉

作者以儿童的视角看爸爸,写出爸爸高兴、伤心、烦恼、生气四种样态,有简单的白描"不停地抽烟/一圈一圈地吐着闷气",也有简单的比喻"好像一个木头人"、"好像火山爆发",从声音到神情和动作,从静态到动态,全然是孩子的观察、孩子的感受,特别真实,没有矫饰,没有虚情假意。

三

童谣中的诗性智慧,突出地表现为儿童的自我中心主义。

严既澄《我的世界》很能体现儿童的这种自我中心主义:

这就是全个世界, 　　　白云飞着给我看,

我就是这个世界的王。 　　好风给我吹凉。

我独自坐在中央: 　　　　谁来照着我?

花儿为我喷着香, 　　　　夜里有月亮,

黄莺儿为我歌唱, 　　　　日里有太阳。

蜜蜂儿替我做蜜糖。 　　　这就是全个世界,

小麻雀都来拜见我, 　　　我独自坐在中央,

还有燕子一双双。 　　　　我就是这个世界的王。

这是 20 世纪 20 年代的童谣,立足于儿童本位,侧重儿童的内宇宙的本真描绘,注重儿童的想象,抒发儿童率真的情感,展示儿童的心理特点和喜好,任由纯然的儿童天性自然流露,描写出一个"我的世界"。"我"是世界的"中心",一切都"为我"而存在,花儿、鸟儿都来"为我""喷香"、"唱歌",白云飞给"我"看,风儿为"我"吹凉,太阳和月亮为"我"送来光明。诗中塑造了一个以自我为中心、相信万事万物都围绕着"我"的儿童形象,在"我的世界"里,"我"是那样的天真活泼,自信乐观,坚强勇敢,富有行动力和冒险精神。按皮亚杰的观点,一切以自我为中心,正是儿童所特有的心理。

正因为儿童将自己置于世界的中心,周遭的万事万物都被注入儿童的生命意识、主观意识和情感意识,客体世界被赋予了主体特征。因此,泛灵主义的拟人化成为童谣惯用的手法,我们在童谣里会看到儿童与客体世界的任何事物的自由对话。

蝴蝶·豌豆花

郭风

一只蝴蝶从竹篱外飞进来，

豌豆花问蝴蝶道：

"你是一朵飞起来的花吗?"

《蝴蝶·豌豆花》中，蝴蝶和豌豆花的对话没有出现"我"，然而对话中藏着"我"对蝴蝶的想象——蝴蝶是会飞的花，这奇特的想象创造了一个动人的隐喻，使这首童谣呈现出独特的诗性智慧。

小鸟音符

柯岩

小鸟，小鸟，　　　　　　　　明白了，明白了，

你们为什么　　　　　　　　　你们错把

不坐在高高的树梢?　　　　　电线当五线谱了。

小鸟，小鸟，　　　　　　　　小鸟音符

你们为什么　　　　　　　　　呵，音符小鸟——

在电线上来回跳跃?　　　　　多么美丽的曲调……

《小鸟音符》富有抒情意味，通篇似喃喃自语，似真切地向着小鸟问话，在小鸟与音符、电线与五线谱之间，创造了独特的隐喻，体现了儿童的视角与想象，表现出诗性智慧。

亲亲我

郑春华

海风真大　　　　　　　　　　扑上来抓我脚丫

冲上来扯我头发　　　　　　　我紧紧拉住栏杆

生怕被海风吹上天	别怕　别怕
变成一只大雁	我只是亲亲你呀
海风咯咯笑着说	

《亲亲我》中，"我"与自然融为一体。一会儿拟人，海风跟"我"做游戏，还咯咯笑着跟"我"讲话；一会儿又拟物，"我"生怕被海风吹上天，变成一只大雁。在"我"与物的主客体互渗中，格外有一种儿童独有的想象力和趣味性，体现出诗性智慧。

四

在成人的世界里，花是有生命的植物，风是自然的空气流动。

在儿童的世界里，花是有胳膊、有身体、会呼吸、会歌唱的生命，风会走、会跑、会摇扇子、会转呼啦圈。

对成人来说，要完全进入儿童的世界，以儿童的纯真、好奇、想象去构筑诗境，表达出儿童的情趣情意，确非易事。作为成人，我们总是难以避免地被异化，创作童谣需要以儿童为师，向儿童学习，向童年的感觉和思维方式回归。

儿童是这个世间最纯真的生命，儿童以其特有的感觉与思维方式成为天然的天生的诗人。他们独有这本领——随时都站在世界的中央，与万物平等，对万物自由想象，与万物自由对话，将自己的情感认知与世间万物相互渗透、相互理解，在司空见惯的事物上随时展示他们的诗性智慧。

我们看珠海市香洲区实验学校课堂上孩子们写的几首童谣。①

蜘蛛网	
吴嘉嘉（三年级）	
薄薄的网，	咦，
细细的丝，	小蜘蛛，
蜘蛛网就像一个摇篮。	你难道还没长大？

---

① 下面三首童谣选自作者主持的广东省课题"通过言语表达训练提升中低年级小学生创造力的研究"成果。

看到蜘蛛网,就对蜘蛛问话,认为蜘蛛网是摇篮,蜘蛛成了摇篮中的宝宝,问蜘蛛"难道还没长大"。儿童的眼光与想象,信手拈来的句子,亲切而自然。

太阳

曹如茵(三年级)

太阳是个爱生气的公公　　　　　都没人理他
每天气得脸蛋红扑扑　　　　　　他只好灰溜溜地从西边回家
从早上一直到下午

在小作者的眼里,太阳公公不仅有生命,还有强烈的情绪,红脸蛋那是因为爱生气,太阳落山的自然现象竟被诠释为生气的太阳公公因为整天都没人理睬而"只好灰溜溜地从西边回家",这可真是童心诗性啊!

小书包

张君敏(二年级)

夜晚,静悄悄　　　　　　　　　一本本小书跑上小书台,
小书包生出许多小宝宝。　　　　玩玩,跑跑,哈哈笑。
语文、数学、英语……　　　　　月亮阿姨看见了:"小宝宝,
名字都起好。　　　　　　　　　夜深了,快快回到小书包。"

这首童谣的想象非常特别,小书包会生孩子,生出许多小宝宝,把课本比作小宝宝,不但有名字,还很会玩闹,直到月亮阿姨唤他们回到小书包。这样的天真想象来自儿童的生活,小作者将自己的生活经验渗入物品中,以拟人的方式赋之予自己对生活的理解,这也是童谣中典型的诗性特征。

想象是儿童的本质特征,也是童谣的本质特征。没有丰富想象力的儿童不是真正的儿童,同样,没有奇妙想象力的童谣,也难以成为真正意义上的优秀童谣。童谣的想象,最独特的性质就是它应当是孩子在想象!如谢冕评论郭风的儿童诗说:"应当有着如把雨衣借给雨,让雪人进屋免得受冷,太阳像爸爸因为太阳也抽烟之类的想象。在孩子眼里,雪白的瓢瓜的花儿是明亮的星星;在孩子眼里,落花生为什么要在泥土下面结果,'是因为要做母亲了觉得害羞吗?';在孩子眼里,雨后

的虹,是一座七彩桥,桥下有流水,而且应该会有轮船从桥下开过。"

这种童谣中常见的儿童特质的想象,其本质不是深刻理性和简单模仿,而是本源性的诗性智慧,其本质就是诗性的创造。

五

经过近一个世纪的发展,今天的儿童早已不再是 20 世纪初那种生活在成人传统思想和传统教育观念重重压抑下的孩子。随着儿童的社会地位和家庭地位得到前所未有的提升,儿童又面临另一种问题重重的困境:一个孩子往往被一个成人众多的家庭包围关注;学业考试以偏概全地几乎替代了全部生活;应试教育之下游戏时间减少……儿童异化现象日益严重。

学校主流文化推崇的童谣,常伴随教育训诫功能。以香洲区实验学校为例,校园里随处可见此类生活童谣:

饮水歌	如厕歌
小水杯　稳稳拿	如厕时　对准位
接好水　慢慢回	如厕后　要冲水
喝完水　归原位	整好衣　把手洗
不嬉戏　不浪费	

校园内外流传着一些另类童谣。这些另类童谣大致有两类:一类是根据唐诗宋词改编;一类是孩子自编的灰色童谣。比如李白的《静夜思》被改编为:"床前明月光,学生睡得香。一觉醒过来,铃声响叮当。"这类童谣经过很多孩子的传唱,可以说是众人的创作,而不同的孩子在口传时,都可能修改一些词句。另类版的《静夜思》还有:"床前明月光,李白喝豆浆;喝了一大碗,尿了一裤裆。"《锄禾》的改编版里留下姓名填空,用于调侃捉弄:"锄禾日当午,地雷埋下土。××来锄地,炸成二百五。"还有一些孩子自编的童谣,比如有一首《米老鼠》:"米老鼠的家,稀里哗啦;米老鼠的爸爸是警察,每月工资八毛八;买不起房,买不起车,买不起老婆要自杀。"又如:"考试作弊有绝招,又能偷看又能抄。个个像个韦小宝,捉弄老师有技

巧。"诸如此类的童谣在小学生中以一种看似隐秘的方式流传,学生乐此不疲,将之视为展示才华的机会,得意之情溢于言表。

从积极的一面看,喜欢幽默逗趣、善于联想创造乃是儿童天性,此类童谣中充满调侃、戏谑甚至有些偏激的模仿与创作,满足了儿童表达个性和自我解放的需求,成为学生话语权的释放、自我价值的实现。从另一面来看,这一情况暴露了当下儿童生活中优秀童谣的缺失、校园主流文化的霸权控制、儿童成长环境的异化。

在我看来,德育训诫类童谣不是真正的童谣,另类灰色童谣也不是学校提倡的主流童谣。还有一些专门为儿童严肃创作、看似脱离低级趣味的童谣,但如果无法抓住儿童个性的生活体验与所思所感,有意无意地树立起一个个正面品质的现实主义典型,缺乏儿童的童真,同样也称不上真正的童谣,更不可能成为优秀的童谣。

童谣应该是儿童文学中最有灵性、最有诗意的一种文体,想象飞翔、童趣盎然、空灵跃动,因泛灵观念而独有的神秘感和想象色彩是其迥异于成人世界之特性。只是,当儿童被谆谆教导"业精于勤荒于嬉"、"玩物丧志"之时,又有几人能够获准放下教辅书,转而在诗性智慧的天空自由畅游呢?

呼唤优秀的童谣,引导人们回归世外桃源般的童心世界,这成为我后来开发童谣课程的主旨。

六

十多年前我曾经在海南省教科院上过一堂语文课,内容是《望月》。文章写"我"和小外甥江轮赏月,由月下之景、月下之诗,笔锋一转写到小外甥对月亮的幻想。值得玩味的是,小外甥说月亮像眼睛——"天的眼睛",令"我"大吃一惊。作为成年人的"我",看到的是自然界月亮阴晴圆缺的现象;在小外甥眼里,"这是明亮的眼睛。它很喜欢看我们的大地,所以每一次闭上了,又忍不住偷偷睁开,每个月都要圆圆地睁大一次……"文章最后一节写道:"我久久凝视着月亮消失的地方,轻轻地展开了幻想的翅膀……"可以理解为成年人的"我"受到了小外甥的感染,小外甥眼里的幻想之月引起了"我"的好奇、惊讶,激活了"我"的心灵,激起了"我"对童年的遐思,对未来的向往。

小外甥不假思索的几句话给了"我"巨大冲击,是因为这些话里有着许多人告别童年后就日渐丢失的东西,譬如奇特的想象、对事物强烈的好奇心、对自由的理解和表达、对童话般美好世界的追求,一种儿童特有的带有诗性特质的智慧,即诗性智慧。

诗哲泰戈尔说:"上帝等待着人在智慧中重新获得童年。"诗人华兹华斯、人类学家泰勒都曾说过"儿童是成人之父"。蒙台梭利认为"儿童是人类的创造者,人类个性的巨大发展在出生之日起即已开始"。艺术大师毕加索说:"学会像他们(儿童)那么画,却用了我一生的时间。"儿童被冠以如此之多的美名,说明儿童是富有智慧的个体,是大师们心中的"理想之人",儿童的诗性也深刻地影响与启迪着成人的诗性智慧。

因此,我们要向儿童学习。回归童真,唤醒自己的诗性智慧。

我确信,教师有童心诗心,方能呵护和激发儿童的童心诗意,发展儿童的诗性智慧。

基于上述思考,我尝试寻找和深入阅读优秀的童谣作品,我自己学着写童谣,也领着孩子们一起写童谣,在童谣中回归童真、唤醒诗性,为诗性智慧的核心——儿童创造力——的珍视与培养寻找一条可能的路径。

第二章

探讨基于童谣的语文教学

在童谣的天空中,曾有一颗叫作金子美铃的星星耀眼地划过,短暂而光辉永恒。她似乎找到一条返回童年的秘密通道,以纯粹的童心和超凡的想象力构筑起生命和心灵的城堡——金子美铃的童谣世界,带给我们永远的沉思和怀念。一起来读吧,感受金子美铃的诗性智慧和修辞艺术,学着用一颗儿童的心,温柔地看这世界。

第一节　金子美铃与童谣创作

如果山是玻璃做的，

我就可以看到东京吧。

——金子美铃①

一

乘坐箱根的登山巴士，行进在青峦蜿蜒之间，正惊叹于山海景象的绮丽壮阔，忽然想起金子美铃的这句童谣："如果山是玻璃做的，我就可以看到东京吧。"离开山口县的仙崎好几天了，从长门到厚峡，从小仓到京都，又到这云海缭绕的天照山，仙崎的一切依然在眼前、在脑海，挥之不去。

仙崎是童谣女诗人金子美铃的家乡。2008年我第一次读到金子美铃的童谣，新星出版社的《向着明亮那方》，吴菲女士翻译。那之前我从事小学语文教学工作已有二十年，逐步认识与阐述小学语文学科之本色乃在于纯真、诗意、创造，并开展言语表达与儿童创造力方向的研究。读到金子美铃的童谣，我确信经由吴菲女士的翻译，这些清澈明丽、温情动人的童谣作品即是体现小学语文纯真、诗意、创造的优秀范例。在学校管理事务的忙碌间隙，一遍遍阅读金子美铃的童谣作品，在每一个最简短的瞬间，这些童谣都能俘获我的心，令我瞬间进入金子童谣独有的纯真诗境。我将金子童谣纳入语文课程，与孩子们共同诵读欣赏，进而发展创造性思维，尝试创作童谣作品。2018年的夏天，我一面继续构建我的"童谣18课"，一面踏上去往日本仙崎的旅程，我打定主意要去那个偏僻的海边渔村看看，20世纪之初的金子美铃感受的是怎样的海风，金子童谣独特的纯真诗意源自怎样的一个世界。

二

去仙崎的行程颇为周折。从博多出发，乘坐东海道山阳新干线至新山口，换乘山口线至汤田温泉,好不容易找到山口县厅前站,乘坐防长线(东萩方向)穿行于山间,沿途山川秀丽,风光旖旎,植被葱郁,逾经44站到达萩驿。

驿所内空无一人。驿站背后的铁道年深日久,枕木和碎石呈现出铁锈的深褐色。站内是一个铁道文化陈列室,寂然无语的图文物品勾勒出一段铁路线的历史和"日本铁道之父"井上胜的生平。站前广场高高地立着一座铜像,那个年轻人,曾经偷渡至英国伦敦学习矿冶与土木工程的井上胜,似乎正在工间挂着铁锹伫立小憩,他姿态轻松愉悦,眺望远方,脚下陈设着山阴本线曾广泛使用的蒸汽机车动轮。空寂的车站门口醒目地立着主题为"明治维新胎动之地"的海报,上面有号称"长州五杰"的伊藤博文、井上馨、山尾庸三、井上胜、远藤谨助身着西装或站或立的合影,似在静静叙说他们自1863年秘密赴英学成归来后投身明治维新的风流余韵。

站在这个1925年开通运营、已经成为日本有形文化财产的无人车站里,看着陈旧的铁道无声地伸向更遥远的乡间,我很是怀疑:会有列车将我们带去那个长门的仙崎吗?神奇的是,那列车真的如期开来,寂静的小站忽地生动起来,几个男孩、一位摄影师模样的旅客、一对母女不知从哪里冒出来,我们一起在这座无人的萩驿登上了山阴本线电车。这一刻,我对这乡间的铁道和驿站产生了无数的好感。

车窗外满目乡野之色,想起夏目漱石《草枕》中的"我把能看到火车的地方称作现实世界"。再没有比火车更能代表20世纪的文明之物了。试想:若非四通八达的铁路网和发达的铁道交通,几十公里外偏僻渔村里的金子美铃如何能够与浪漫的大正时代中日本文坛最重要的一场儿童文学运动相逢?1912—1926年的大正时代,是一个社会各方面风尚自由、资本初始积累的时代。继明治维新之力,铁路、驿站、印刷、通讯得以全面发展,而更重要的是,这个短暂的14年是日本儿童文学,尤其是童谣,光芒耀眼的一个美好时代。其时,在学校,开设有唱歌课程,引进西洋歌曲;在文坛,有铃木三重吉等一大批一流的文人作家创作一流的童谣,"为了世上的小朋友创作真有艺术价值的纯丽童话和童谣"。当最优秀的文学作家和各类艺术家为了儿童的未来,都竞相投身于儿童文学和艺术的创作之时,就形成了一场隆盛璀璨、持续多年的文学创作运动。

金子美铃短暂人生中的上学、童谣创作的大部分年份,就处在大正时代。当时,作家们的足迹随着脚下的铁路延展,日本近代文学与铁道一同成长,各式出版物流转到铁道网的每一个驿站,也进入穷乡僻壤的金子美铃家,别人家开的是干货店、酒铺,她家开的是村子里唯一的书店。1923年,20岁的金子美铃(彼时本名金子照)离开仙崎,搬至下关与母亲同住,帮家里照看上山文英堂书店的分店。同年6月,她以"金子美铃"的笔名创作童谣,向《童话》等杂志投稿,童谣女诗人由此诞生,直到1930年她的生命戛然而止。生于仙崎渔村一隅的金子美铃,作为一个新秀在众多优秀作家创作童谣的热潮中崭露头角,却又如一颗天际新星爆发一般,短暂明亮而逝去。半个世纪后,金子美铃和她的纯美童谣传奇复活,被翻译成多国语言,拥有越来越多的读者。

仅仅是5个站,即由萩驿来到长门驿。我知道,2.2公里外,就是仙崎了。

三

仙崎,像一个鸟喙凸出来,伸进海里。

它比我想象的还要小,还要整洁,还要寂静。没几步,就看到濑户崎小学遗址,其上立着花岗岩的一柱一碑。柱上刻着"濑户崎小学校",碑文介绍这就是著名童谣女诗人金子美铃童年上学的地方,而不远处就是她的家,还有她的墓地。金子美铃生于斯长于斯,20岁离开仙崎去下关,生命最终定格在下关,归葬仙崎遍照寺。短短几分钟,就可以走完仙崎这条狭窄的街道,却仿佛走完一个人的一生。

街道上突然踱过一只稳健的乌鸦,街角偶尔瞥见一位弯腰躬背的老奶奶消失在门内,所有的车辆都停着,所有的店门都关闭着,一切都凝滞在七月的阳光下。我有些眩晕,在遍照寺前的门槛上坐一会儿,看到对面屋檐下有几桶鲜花。走近去,卖花人不知从哪里出来了,我选了菊花和一大束浓密茂盛的紫色情人草,进入遍照寺。

狭仄的墓地里,墓碑挨挨挤挤。顺着指引,很容易找到金子美铃的墓。小巧的墓碑,简单的样式,青苔斑驳,字迹漶漫。金子充满种种不幸的悲剧一生就在这里寂静下来。阳光照耀,乌鸦低低飞过,留下几声鸣叫。我奉上云蒸霞蔚般的紫绯花束,稍作整理,烈日下的墓碑有了一丝阴凉。片刻,拿出两个日式小点心,静静摆放在碑座上。

"蚕宝宝要到蚕茧里去,又小又窄的蚕茧里去。但是,蚕宝宝一定很高兴,变成蝶儿就可以飞啦。"(《蚕茧和坟墓》)又暗又孤单的坟墓里,金子美铃变成长翅膀的天使,她高兴吗? 又多么无奈,不是吗? 那首《夜里凋落的花》,仿佛就是她给自己送上的哀歌:"晨光里凋落的花,麻雀也会陪它玩耍。晚风中凋落的花,晚钟也会为它歌唱。夜里凋落的花谁来陪它? 夜里凋落的花谁来陪它?"是啊,谁来陪她? 谁来陪她?

旁边的极乐寺稍宽敞。"极乐寺的樱花是重瓣的樱花,重瓣的樱花,送货的路上我来看过它。……带着海菜饭团的盒饭,带着盒饭,我去看了樱花。"(《极乐寺》)夏日,没有樱花,只有黑而大的乌鸦贴着松树梢头低低掠过,在寺庙的檐角上盘旋。墓碑林立之外,极乐寺还露天陈列着"无缘诸精灵"——林林总总只怕有数百尊之多的地藏菩萨。这些石刻小地藏,日久风化,形象颓朽,残缺斑驳,整齐集中地摆放于寺庙一侧的空地。安静,无言,寂寞。"我寂寞的时候,别人不知道。""我寂寞的时候,菩萨也寂寞。"(《寂寞的时候》)极乐寺里这么多的小地藏中,有哪一尊曾经和幼年的金子美铃对视过? 有哪位菩萨,看到了樱花树下那个带着海菜饭团的女孩?

沿街看到了金子童谣中写过的蔬菜店,但是没见着"咕咕咕"叫着、假装不知道买点儿什么的三只白鸽子。当然还有拐角处的干货店:"拐角处的干菜店盐袋子上面,日光一点一点渐渐西斜了。第二间的空房子草袋空荡荡,没人要的小狗狗儿独自在玩耍。第三间的酒铺里煤袋堆成堆,山里来的马儿正在吃草料。第四间的书店前立着木招牌,招牌后面站着我悄悄地张望。"我没看到煤袋和马厩,但处处看到花岗岩柱子上镌刻标识着金子童谣中出现过的地点,用彩绘的木牌或是喷绘的壁画为人们再现诗句,唤起探访者对那些文字的记忆。

"第四间的书店前"——我驻足于金子文英堂门前,这是一个旧式的两层日本民居。白墙青瓦,木质的窗棂和拉门,冷冽的空调让里面恍若另外一个世界。似乎访问仙崎的所有游客都流向了这里,约摸有二三十位之多。外间是书店,穿过游廊进入展览厅,墙上详细列出金子美铃的生平,玻璃柜里陈列着她生前衣装的织物样本,当年的安眠药瓶,以及她的手稿。巴掌大的本子,共三册,敞开的页面完全泛黄,每一页都编了码,笔画极细,标点亦一丝不苟,字迹可谓娟丽流畅,工整却又饱含韵味,令人称奇。隔着玻璃柜仅能看到翻开的那一页,好在展览馆非常用心,充分利用旁边的一条室内过道的空间,将她的一些代表作手迹投影出来,令来客能够细细欣赏金子的手迹。幸亏金子美铃生前将自己所有的作品认真誊抄了两份,其中送给弟弟的这一份得到了完整的保存,并在 20 世纪 80 年代经由矢崎节夫先生的努力得以出版,实现金子美铃的"复活"。

文英堂的一楼保留了部分当年书店经营的样貌。脱了鞋,便可顺着木质楼梯上到二楼的榻榻米空间。窗口右侧外面的狭小夹道,一棵齐人高的橙树结着硕大的橙果。"每当我伤心哭的时候,总是闻见橙花香。"那首可爱的《橙花》,写的就是它吗?橙树上,有女孩儿昨天才搭的秋千吗?

二楼的起居室内,临街的窗下是一张低矮的长条书桌,桌上简单摆放了旧式台灯、书本和笔,瓶内插着几枝红色纸风车,桌边一个书架,几只木箱。大约四个半榻榻米大小的空间,阳光透过西窗照进来,竖排的木窗棂让光影投入狭小的房间——啊,这不就是《光之笼》吗?"我现在,是一只小鸟。……光线编织的笼子很容易坏,只要我用力伸展翅膀。可是,我很乖,我被养在笼子里唱歌,我是好心肠的小鸟。"这一刻,不胜唏嘘!

金子美铃自 1923 年 6 月开始,每年向《童话》等杂志投稿公开发表童谣作品,笔耕不辍,如《光之笼》所写的:"在夏日的树荫下,光线的笼子里,我被从不现身的主人养着,我把会唱的歌都唱了个遍,因为我是一只可爱的小鸟。"只是这歌声至1930 年戛然而止,耀世的才华抵不过现实的无奈。三岁丧父,母亲改嫁,婚姻不幸,身染暗疾,将失爱女,如是种种,恍如一个看不见的牢笼,最终将她与诗歌、与心中的热爱无情地隔离。她在《这条路》里面一遍遍地问:"这条路的尽头,会有大片的森林吧?""这条路的尽头,会有广阔的大海吧?""这条路的尽头,会有繁华的都会吧?"她邀请孤单的朴树、荷塘里的青蛙、寂寞的稻草人:"这条路的尽头,一定会有什么吧?大伙儿一块儿去吧。我们去走这条路吧。"山是不透明的,她看不到东京,看不到繁华的都会,路就在脚下,铁道就在身边,然而 90 多年前的金子美铃更多地是有着日本传统女性的柔顺忍耐、心地善良,她是《光之笼》中那可爱的、温和善良的小鸟,哪怕她的动人歌声早已穿越笼子传遍天际,早已传到那繁华的都会,她却没有勇气和力量再伸展翅膀。

"这背街的泥泞里,有一片蓝蓝的天。……是一片深远的天。"(《泥泞》)金子美铃小时候每天走过的街道,想必是泥泞不堪的,只是她的心里自有一片蔚蓝深远的天空。她无力伸展翅膀飞出光之笼,但是她用整个的心歌唱:"向着明亮那方向着明亮那方。哪怕一片叶子也要向着日光洒下的方向。灌木丛中的小草啊。"(《向着明亮那方》)

四

金子美铃的作品里有一首《鲸法会》,仙崎码头的巨石上刻着它,陪伴着金子美铃的铜像。渔民捕鲸,却为鲸举办法会,金子美铃在童谣中写下小鲸鱼的哀哀哭泣:"鲸法会在暮春举行,海上捕飞鱼的季节。海滨寺院敲响的钟声,荡漾着飘过海面的时候,渔夫们穿上过节的衣裳,急匆匆赶往寺庙的时候,大海里有一头小鲸鱼,听着阵阵钟声。想念着死去的爸爸妈妈,小鲸鱼哀哀哭泣。钟声,回荡在海面,传到,大海的哪方?"

此前听说日本沿海常有鲸冢、鲸墓,而与仙崎隔桥相望的青海岛自古盛行捕鲸,于是我顶着酷暑,乘坐公共交通辗转来到青海岛,看一看那里的鲸资料馆和鲸墓。

资料馆门口的石碑上刻着"鲸呗",似是附近通浦一带的民谣。馆内图文资料和捕鲸器物丰富详尽,可以了解到当地人大多以海上惊险的捕鲸和渔获为生,生活辛劳艰苦。几十米外的小山包,拾级而上则见一座小小的鲸墓,一座小小的清月庵,以及一座小小的地藏观音。长门市教育委员会立了一个介绍牌,对照英文和日文,大概的意思是:因为母鲸被捕,腹中的小鲸也不能幸免,把它们放回大海,也不能存活。1692 年在此建鲸墓,大约有 70 头小鲸埋葬于此,并由净土宗向岸寺的僧人为其超度。

从鲸墓下来,沿着海岸慢慢行去。海面平静如漂浮的织锦,闪着细微的粼光。远处礁石上矗立着小小的神社鸟居。薄薄的雾气中,天空湛蓝,空阔无垠,耳边轻微的海风吹过。稍久,渐有孤寂感。

欲寻金子美铃的父亲金子庄之助的故居遗址,未果。金子庄之助出生在青海岛,据说也是渔民世家。也许金子美铃小时候来过这里而看到鲸鱼法事?围捕的艰险艰辛,渔获归来全村的喜悦欢庆,幼年的金子美铃如若目睹这一切,必会留下深深印记。不难想象,当地渔民虔诚质朴的对生命的敬畏和尊重,鲸法会和幼鲸墓葬祭祀等民俗,都给金子美铃幼小而敏锐柔软的心灵带来了对自然和生命悲天悯人的情怀。

也正是如此,金子美铃写出了那样的一首《鱼满舱》:"朝霞映红了天空,渔船满载而归啦。大尾的沙丁鱼载满舱啦。"然而笔锋一转——"海滩上热闹得像赶庙会一样。可是大海里成千上万沙丁鱼的葬礼正要举行吧"。她从小生活在三面临海的微小半岛,深知人们的生活辛劳而艰苦,又深深同情成千上万的鱼儿,故而能将岸上的欢乐与大海里的悲伤做这样的表达。这种对自然和生命万物同心、悲天悯人的情怀,才让她能看到别人所看不见,正如她在《星星和蒲公英》里反复提示的:"看不见却在那里,有些东西看不见。"

五

几日来并非住在仙崎,而是落脚在长门汤本的枕水温泉酒店。金子美铃的童谣常以诗画结合的方式出现在某个小幅的画轴上,点缀于酒店各处。推窗即是音信川,十几头各色斑斓的锦鲤在河水中悠游。河水潺潺不绝,确是枕水!

顺着音信川步道,走出很远。沿途所见各色花草露珠,听闻鸟雀虫鸣,清晨傍晚的白月亮白云彩,一切都仿佛在金子美铃的童谣里见过,在这现实的长门乡野间分外鲜活。我不知道金子美铃是否来过长门汤本,只知道她在 1923 年春搬至下关与改嫁的母亲同住,至 1930 年 3 月 10 日在下关上山文英堂店内自杀,3 月 16 日葬于仙崎遍照寺。我没有计划去下关,可能内心里始终感觉金子美铃创作中一切的源泉都在仙崎吧。

信步于枕水附近的大宁寺,沿途看到各种表情的小地藏,系着红肚兜,戴着红帽子,守立林间道旁。街角也偶见认真供奉的人们,清水、鲜花、香火样样不少。在大宁寺甚至看到了一组十八罗汉的群雕,组合摆放,姿态表情各不相同。毕竟是石头材质,露天风化得厉害。

仙崎的三座金子美铃像如何呢? 港口的那座头像,铜锈斑驳,面容失真,背海而望,似在凝望自己的家乡。街边的那座等高铜像,手势优雅若作佛手印状,面目大致以金子少女时代的形象为模板,二尺袖配袴,脑后随意束着马尾辫。金子文英堂的那座小像则让人印象更为深刻。小小庭院里,绿荫环绕下,一尊小巧的白色大理石座像披着正午的阳光,沉静安详,晶莹耀眼。这座小像如同诗人,矜持、静默、纯净、忧郁,却又明亮无比。

当然,金子美铃的气质更体现在她的童谣作品里。世界上所有的童谣,无论是灰暗晦涩或稚嫩无邪,其内在的一致性其实就是直指人性。直指人性即是最为根本、最深层次的诗性创造。其时,金子童谣和其生长、生活的环境绝非今天这般优美静谧,不难想象海边渔港的腥臭,社会生活普遍的穷困,自然环境和生活际遇的残酷以及种种不幸……但是当时社会的人们在人性情感和宗教情感下保持了内心深处柔软的善良,如鲸墓、鲸法会和随处可见的地藏菩萨,这一切注定深深影响了金子美铃的内心,以致她的童谣作品能在浅淡细腻甚至质朴无华的形式中表达那么深沉厚重的情感。

在不同作者创作的各种童谣中,金子童谣因其地域风俗之独异而特殊,其童谣亦可位列世界级别。金子童谣何以那么独特,我想大约有这么四点:一是地域风俗、宗教浸润的生命观;二是日本文化所特有的万物悲悯感;三是心灵的自由至上,对人生意义的追寻;四是诗人生活际遇的影响。此外,金子美铃个人的才华可谓不世出,但也是因逢大正时代延续明治维新以来的自由之风,而带来了文艺的兴盛尤其是儿童文学的迅速发展,她去世之后,日本陷入了战争之中,童谣的黄金时代就此逝去。

六

我作为小学语文教育工作者,主张语文教学应着力于言语表达的纯真、诗意、创造,在我看来,金子童谣即体现了这些要素。以孩童般稚嫩的心灵看待自然万物,花鸟鱼虫走兽飞禽,日月天光山川河流,与之对话,其问其愿,其思其想,其喜其悲,莫不用心,不藻饰绣词,无炼词融典,真挚而纯粹。金子童谣以独特的诗性智慧为儿童呈现范例的同时,也带给读者永远的沉思和怀念。

此行仙崎,我携带的是新星出版社 2012 年出版的《星星和蒲公英》,吴菲女士翻译。一路走,一路读,本节引用的童谣,绝大部分出自此书,《极乐寺》《泥泞》等选自吴菲女士的其他译本。惊喜的是离开长门的前夕,我与吴菲女士通了电话,希望在未来的某一天,可以邀请吴菲女士来给我和孩子们讲课。我还希望,和孩子们一起写自己的童谣,而我正在做的事情就是编撰"童谣 18 课"系列教程,将创造性思维方法结合亲身写作童谣的实例,为孩子们打开童谣创作的大门。

第二节　修辞学视角的金子美铃童谣

啊,神灵现在就在这里边。

——金子美铃

一

在西方,修辞最先与辩论、劝说有关,更多的是体现一种演讲的艺术。

在中国,最早将"修"、"辞"由两个字连成一词使用的,是《周易》的《乾·文言》:"君子进德修业。忠信,所以进德也;修辞立其诚,所以居业也。"由此可以看出,修辞和一个人的品德密切相关,实质上修辞更表现人的观念,由此可知其重要性。另一方面,中国人重视修辞两特点在语言和文学中历来都有所体现,古代中国甚至将文章诗赋作为一个人品德才能的重要显示。

何谓修辞?

修辞即语言运用的方法和技巧,是通过调整或修饰语言以提高表达效果的活动或规律。现代修辞学家们普遍达成了一个共识:修辞现象是语言现象,修辞学属于语言研究的范围。修辞运用得当可以增加文章的艺术魅力,因此,透过修辞学的角度可以反观作者写作的特点和个人风格。

诗歌是语言运用的一种形式,修辞是影响诗歌审美、诗歌意蕴的一个重要因素。从修辞角度研究诗歌,即是用修辞的相关视角和概念来研究分析诗歌语言运用的方法和技巧,其中,修辞格的恰当灵活使用,对于诗人个性诗意的鲜明表达更是具有重要意义。

童谣是儿童诗歌,修辞也是童谣创作与欣赏的一个重要因素。童谣的修辞运用得好,会使童谣更具性和艺术感。本节旨在以日本童谣诗人金子美铃的作品为分析文本,从修辞学的视角去考察和分析她的童谣的独特艺术魅力,欣赏并学习其童谣创作的特征及技巧。

二

《周易》说"修辞立其诚"。创造出好的言辞,首先需要有好的思想品德。这种将言辞的建立与品德修养联系在一起的观点,深刻地揭示了文学创作标准的真谛。

金子美铃的童谣是简短而凝练的艺术,她的童谣即她的世界观,她全部的修辞都体现了她的"诚"。在她的童谣里,有天海云风、星月雨雪、花草鸟鱼,有季节的更替、渔人的劳动、街道的日常,有纤细的心思、奇幻的梦想、宗教的气息。活泼泼的大自然和无比真实的渔村生活,都被她以孩童的视角勾勒出细腻生动的形象,让我们从她的童谣中感受到自然万物的美好与寂寞,静寂与和谐。这世上所有被忽略的存在,都在她的童谣世界里得到了关照和尊重。

统观金子美铃的童谣作品,极少有修饰形容,语言简练浅显,却在童真纯粹中具有直达事物本质与人的内心的力量。我想,用人人都能看懂的浅易语言来描述事物的本质是一件很难的事,但她做到了。

拐角处的干菜店
——我的老家,景色实际如此——

拐角处的干菜店
盐袋子上面,
日光一点一点
渐渐西斜了。

第二间的空房子
草袋空荡荡,
没人要的小狗狗儿
独自在玩耍。

第三间的酒铺里
煤袋堆成堆,
山里来的马儿
正在吃草料。

第四间的书店前
立着木招牌,
招牌后面站着我
悄悄地张望。

　　读这首童谣,仿佛看到了作者家乡仙崎小镇百年前的街角景象。第一间是干菜店,看不到有人进出,那盐袋子上面的日光,似乎静止不动,却又在不为觉察中悄然西斜,看不见的时间在缓缓流逝。第二间是空房子,空荡荡的房子,空荡荡的草袋,就只有小狗狗儿独自玩耍。第三间是个酒铺,也没见到人影,只有煤袋,还有山里来的马儿在吃草料,让人猜想那马儿的主人呢,是否也从山里来,是否正在一堆温暖的炉火旁喝酒解乏。最后跳出的画面,是第四间书店,作者的家,"招牌后面站着我悄悄地张望",大人们都不知在忙些什么,只有孩童的"我"在寂静的午后张望寂静的一切。

　　整首童谣用最普通的语言材料,纯粹地白描出诸项事物,一层层传递出渔村小街午后的真实场景和氛围,其中那双黑亮亮的大眼睛,以及借由这双眼睛注视的一切,有一种很强的画面感,画面中有很真实很微妙的氛围——街道的静寂,个人的孤寂,以及静寂、孤寂中隐隐透露的淡淡温情。

　　全诗并没有很特别的词,却在最简单最直白的描写中让你的心沉静,在沉静中又仿佛被什么细微的东西触动,令你怔忪而有所思。用简单、质朴、平易的修辞,直达事物本质与人的内心——这是金子美铃童谣的魅力。

　　我们再看一个例子。

牵牛花

蓝牵牛朝着那边开,
白牵牛朝着这边开。

一只蜜蜂飞过,
两朵花。

一个太阳照着,

两朵花。

蓝牵牛朝着那边谢,
白牵牛朝着这边谢。

就到这里结束啦,
那好吧,再见啦。

　　同样的,有什么很特别的修饰手法吗?没有。同样是白描,同样没有多余的形容,也同样深刻地表现出金子美铃内在的世界观——品观自然,寄情自然,宗教情怀,传递某种对世界万物生命荣枯的认知和态度。悲戚?欢喜?无奈?寂寥?

无从言说。

三

金子美铃的大量作品洋溢着绚丽的幻想,淡淡的语言却有着飞跃的想象力,呈现出儿童独有的泛灵特征。

为什么会这样呢?

就像维柯描绘的人类童年期拥有由直觉感知而来的强旺的感受力和丰富的想象力,在原始人的眼中"万物有灵"。金子美铃难能可贵地保留了孩童时期的诗性智慧,读她的童谣,感到她在以儿童最直观、最自然、最纯粹的状态体验这个世界,而世界的一切事物都有自己的生命。她关心不知名的小草,担心失去外衣的知了会冷,害怕夜里飘落的花儿无人陪伴,她将自己想象成蚂蚁和草蚊子,想象大海里的一滴露珠想念岸边的千屈菜开的花,她生怕有人用网将海上的辩天岛给拖走,她也向往山那边的大都市。她善于描摹与感应大自然最细微的一面,哪怕最卑微渺小的存在,都能得到她平等的、毫无偏见的观照。

泛灵以及奇妙的想象,令金子美铃的童谣大量出现比拟修辞。这也令她的童谣在浅显直白中格外透着明快轻盈,天真烂漫中恍若晶莹剔透。

云

我想变成　　　　　　玩腻了
一朵云。　　　　　　就变成雨。
　　　　　　　　　　跟雷公
又松又软　　　　　　结个伴儿,
飘在蓝天里,　　　　一起跳进
从这头到那头　　　　人家的池塘里去。
看够了风景,
晚上　就跟月亮
捉迷藏。

这里面有比喻,金子美铃想象自己变成云,变成雨;有拟人,月亮会捉迷藏,雷公也来做伴。这样的遐想,童年的你我也曾有过,然而我们成人之后便已忘却。金子美铃却很擅长用儿童的语言表现某一个刹那、某一瞬间、某一点触动,仿佛仍是个天真的孩子,干净无瑕,纯粹透明。

问雪

落到海里的雪,变成海。

落到街上的雪,变成泥。

落到山上的雪,还是雪。

还在天空中的雪,

你喜欢哪一种?

那半空里的雪,翩翩地舞,金子美铃却要体察每片雪的不同。她问:你要去海里,街上,还是山上? 你要变成海,变成街,还是变成山上的雪? 数也数不尽的雪花,每一片小小的雪花,若精灵,有生命,有自由,有方向,有这世间的归宿。一个天真的追问的尾巴,忽然间带出一个无奈和无常的命题,整首童谣忽然转入一种微淡的哀愁。不知金子美铃自己喜欢哪一种? 问雪,是不是也问自己?

积雪

上层的雪　　　　　　　　　　　上百的人压着它。

很冷吧。

冰冷的月亮照着它。　　　　　　中间的雪

　　　　　　　　　　　　　　　很孤单吧。

下层的雪　　　　　　　　　　　看不见天也看不见地。

很重吧。

这首《积雪》更是进入雪层的角色,体验其感受。

　　试问所有见过雪的人，有没有像金子美铃这样为不同位置的雪着想过？上层的雪被冷冷的月光照着，一定分外寒冷。下层的雪，承受那么多重压，一定格外辛苦。然而中间那层的雪更加的不幸吧，上不见天下不着地，它只怕是比上层的雪更冷，比下层的雪更辛苦。这种看不到光亮和希望的孤单，透着无奈，有些绝望，承受了更大的痛苦。

　　是对落雪的悲悯与同情，还是对自己内心的寄寓与哀伤？是拟人，还是拟物？是化己为雪，还是以己度雪？是情景相融，还是物我两忘？读这首童谣的你我，在芸芸众生之中，处在什么位置，站在什么立场，各有怎样的痛苦忧伤？通过"雪"的意象来说"人"的际遇，见微知著的代入，给予人无限的思考和感悟。如此短小的童谣，能够如此深刻地直指事物的本质与人心，着实令人惊叹！

　　金子美铃的童谣，大多选取身边的事物为意象，将之与人性相联结，"万物有灵"让意象的描述更加鲜活、生动，充满了想象的感染力，从而也激活了读者对世界的想象和感受。

四

　　一首优美的童谣，常有流动感。

　　小时候第一次读戴望舒的《雨巷》，就被诗中的意境、意象，以及那种回环往复的旋律和婉转悦耳的音乐感深深地迷住了。那一刻，我强烈感受到一首诗的音韵和形象是可以流动的，诗歌的美就在流动中。

　　大自然中有各种各样的流动。白云在天空飘荡，溪流在山间流淌，风在柳林间掠过。诗的流动形式同样丰富，或山泉低语，或涛声回荡，或惊涛裂帛，或飞瀑轰响。金子美铃的童谣也会流动，在音韵和形象方面带给读者美感。

草原

露水盈盈的草原，　　　　　　如果这样走啊走

如果光着脚走过，　　　　　　直到变成一棵草，

脚一定会染得绿绿的吧。　　　我的脸蛋儿，会变成

一定会沾上青草的味道吧。　　一朵美丽的花儿，开放吧？

这首童谣恍若一幅流动的水墨画,又仿佛一首梦中的歌谣,读的时候感受到镜头的推移、语词的流动,令读者不由自主地沉醉其中。全诗共三句,每句的结尾都是一个语气词"吧",仿佛诗人在自言自语,轻轻地留下一串韵脚。光着的脚丫,绿绿的颜色,青草的味道,充满诗意的形象在语词和音韵中流动,走啊走,直到变成草原上的一棵草,脸蛋儿也变成一朵花儿,如梦似幻,美不胜收。

向着明亮那方

向着明亮那方
向着明亮那方。

哪怕一片叶子
也要向着日光洒下的方向。

灌木丛中的小草啊。

向着明亮那方
向着明亮那方。

哪怕烧焦了翅膀

也要飞向灯火闪烁的方向。

夜里的飞虫啊。

向着明亮那方
向着明亮那方。

哪怕只有分寸的宽敞
也要向着阳光照射的方向。

住在都会的孩子们啊。

这首童谣共三部分,采用排比的修辞格,每部分的开头都是"向着明亮那方"这一中心句的复沓,像是金子美铃内心的呐喊,一声声,欢快激越。每个部分都有一个独特的意象,从小草的叶子、飞虫烧焦的翅膀,到住在都会的孩子,为了自由、光明,小小的生命倔强地呐喊,用有生力量去追求,不屈、执著。全诗韵脚整齐,却在每个意象的后面,每个部分最后一句末尾都是一个轻轻的语气词"啊",制造一咏三叹的节奏韵律,使童谣在形式上流动起来,构成一个完整的艺术体,同时也带领读者的心从一个意象流动到另一个意象,让读者的情绪在童谣音韵和意象的双重流动中被深深地感染而感动。

金子美铃童谣在"建筑形式"上除了常常使用排比、对比之外,还用一种环形的结构,它也能够让童谣的整体韵律流动起来。如《急雨蝉声》的开头和结尾都写到火车窗外"急雨般的蝉声",《白帽子》的首尾亦是,首尾呼应营造了一个封闭的坏形结构,使中间描绘的形象更为突出。

还有一首形象、音韵、节奏流动感都很强的《蜜蜂和神灵》。

蜜蜂和神灵

蜜蜂在花朵里,　　　　　　　　日本在世界里,

花朵在庭院里,　　　　　　　　世界在神灵里。

庭院在围墙里,

围墙在小镇里,　　　　　　　　就这样,就这样,神灵,

小镇在日本里,　　　　　　　　在小小的蜜蜂里。

古埃及人相信,蜜蜂是太阳神的眼泪掉落人间而形成。

金子美铃相信,万物都有灵,小小的蜜蜂与万物、与神灵同在。

从蜜蜂到花朵,从庭院到小镇,从日本到世界,由细处出发构建起一个整体,俨然一个丰盈而完整的世界,跟随一只蜜蜂,就可以神游八极。整首童谣结构整齐,一韵到底,加上顶针修辞,首尾蝉联,语气贯通,突出事物之间环环相扣的有机联系。音韵在流动,节奏在流动,意象在流动,充满张力而又收放自如。小小的篇幅内能有如此气象,令人惊叹。

五

金子美铃的童谣特别擅长用类比修辞。

王希杰在《汉语修辞学》中解释修辞格的定义:"(修辞格是)为了提高语言的表达效果而有意识地偏离语言和语用常规之后,逐步形成的固定格式、特定模式。"金子美铃以奇妙丰富的想象制造"偏离语言和语用常规"的修辞,除了最为常见的比拟,类比也是她非常擅长的。

类比修辞是基于两种不同事物或道理间的类似,借助喻体的特征,通过联想

来对本体加以修饰描摹的一种文学修辞手法。类比在依据主体和客体的相似点进行充分比较的基础上，还可以依据相异点进行比较，从而得出主体事物的某些性质有甚于客体事物相应的某些性质的结论。

金子美铃童谣中的类比，主体和客体的两个事物有时候在整体上是相同的，比如上面那首《积雪》，无论上层、下层，还是中层，不同位置的雪就整体而言都是雪，金子美铃通过一组类比，以上层、下层的雪为客体，最后出现的中层的雪是主体，在类比中以客体的"冷"和"重"，突出主体的"寂寞"。

类比中的几个事物也可能极其不同，但类比都是"基于类似"的。例如《水和风和娃娃》，水、风、娃娃三者完全不相同，如何找到它们的相似点？金子美铃以飞跃的想象力，提炼出三者的共性是"轱辘轱辘转圈圈"。她先以水和风类比，强调它们喜欢在天地之间、绕着全世界转圈圈的共性，又以它们为客体参照，描摹出主体"围着柿子树轱辘轱辘转圈圈"的"想吃柿子的娃娃"，通过类比捕捉主体的相似性，写出馋嘴儿童天真可爱的特征。寻找水和风的类似点，似乎不难；将水和风还有想吃柿子的娃娃类比，则是神来之笔了。

类比，是金子美铃非常擅长的修辞手法。在大家习见的不同中写出共性，那么微妙而又那么出人意料的细微体察与奇特想象，她的确是高手。

问：月亮、花儿、金鱼，三者相比有何共性？金子美铃提炼创设的共性是"呼吸"。在"呼吸"这个共性描摹中她又极善于通过类比写出"共性中的不同"，描摹出主客体的不同。请看：

金鱼

月亮呼吸的时候
呼出来的
是柔和又让人怀想的月光。

花儿呼吸的时候
呼出来的

是纯洁又芬芳的花香。

金鱼呼吸的时候
吐出一颗颗美丽的宝石，
就像童话里那个可怜的女孩一样。

《金鱼》中出现三个意象，互为类比的主客体。月亮的呼吸有形，花儿的呼吸有味，拟人的写法将月亮与花儿的意象表现得格外柔美。金鱼的呼吸呢，吐出的泡泡被隐喻为美丽的宝石，金鱼则像童话里可怜的女孩。在类比中跳跃到对主体的想象，凸显了对金鱼的哀怜，在柔美的氛围中带出凄婉的气息。

有的时候，金子美铃会在类比后进行总结提升。

我和小鸟和铃铛

我伸展双臂　　　　　　　　也摇不出好听的声响，

也不能在天空飞翔，　　　　会响的铃铛却不能像我

会飞的小鸟却不能像我　　　会唱好多好多的歌。

在地上快快地奔跑。

　　　　　　　　　　　　　铃铛、小鸟，还有我，

我摇晃身体　　　　　　　　我们不一样，我们都很好。

习惯了竞争的人们，读到这首童谣是不是会豁然开朗？我们总是比来比去，生怕自己不如人，做父母的甚至制造了一个专有名词"别人家的孩子"，用来让自家孩子相形见绌、心生惭愧。金子美铃却说，小鸟和铃铛会的那些"我"都不会，"我"会的那些小鸟和铃铛也不会。将"我"和小鸟、"我"和铃铛两两类比，最后总结："我们不一样，我们都很好。"大家都是独一无二的存在，谁也不能将谁来替代，金子美铃没有用任何修饰形容，仅用直白的儿童的语言，在简单的类比中揭示生活的真谛，她的童谣在简简单单中能有这般的精彩！

六

类比之外，金子美铃还格外善于运用对比修辞。

对比，就是把两种事物或同一事物的两个方面并举加以比较的方法。

金子美铃的童谣作品中常见各种对比。

《糖果》，是苦与甜的对比。"我偷偷藏了一粒糖果，那是弟弟的糖果。"拿起又

放下,终于忍不住把弟弟的糖果给吃掉了。末尾写道:"苦苦的糖果,伤心的糖果。"糖果的甜与内心感受的苦构成对比,写出孩童面对自己不那么阳光的行为,有所反思,那是成长的真实。

《千屈菜》,有大与小的对比。"在很大,很大的,大海里,有一滴很小,很小的,水珠,还一直想念着谁也不认识的千屈菜。"那么大的大海里,一滴水珠是多么的渺小,然而小水珠的心里还想念着很远很远的河岸上的千屈菜,因为它是"从寂寞的千屈菜的花里,滴下的那颗露珠"。大小对比中引入遥远的时空距离和传奇故事,传递出无边的寂寞和温暖的思念。

《没有家的鱼》,将各种动物们对比。小鸟、兔子、蜗牛、老牛"都有自己的家啊,晚上都在自己家里睡觉呢",而水里的鱼儿什么都没有,于是奇想:没有家的鱼儿怎么办呢,"一整夜都在游泳吧"?

《狗》,写出情绪的对比。同一条街上酒铺的黑狗死了,"总是冲我们发怒的阿姨,这时候呜呜地哭着",当自己在学校"很好笑地说起这件事,心里忽然难过起来"。本是没心没肺地感到"很好笑",可心里却难过起来,写出了孩童的那份天真和善良。

《神轿》,刻画了声音和氛围的对比。秋天庙会的傍晚,玩累了回到家,大人们都各忙各的,没人理睬,正有些昏沉寂寥,"忽然感到寂寞的傍晚,我听到后街上暴风雨一样,神轿经过的声响"。这是对瞬间变幻的捕捉,惯常的生活被切开,让我们看到一个小片段,它用声音和氛围的对比将熟悉的某个瞬间变得充满变幻和不稳定。这样轻微、纤细的感受表达,使生活中恒定稳固的每一瞬都成为可以无限探索的对象。

在金子美铃的童谣作品中,最强烈的对比,当是生与死。死亡是人生苦难中最为瞩目、最难以理解的,金子美铃的童谣以自己独特的方式面对死亡。《蚕茧和坟墓》由蚕写到人,"蚕宝宝要到蚕茧里去,……变成蝶儿就可以飞啦","人要到坟墓里去,黑暗冷清的坟墓里去。然而,好孩子会长出翅膀,变成天使就可以飞啦"。死亡的恐惧和困惑在轻盈美好的意象中得以缓解,充满哲学与无奈,死亡的沉重里也依然透出金子美铃独有的一种温暖、悲哀、轻逸的美感。

那首最著名的《鱼满舱》:

朝霞映红了天空，
渔船满载而归啦。
大尾的沙丁鱼，
载满舱啦。

海滩上

热闹得像赶庙会一样。
可是大海里
成千上万
沙丁鱼的葬礼
正要举行吧。

这首童谣令人震撼。出海的渔船归来了，人们脸上洋溢着丰收的喜悦。然而金子美铃会想，鱼儿们失去了亲人，也像人类一样心情沉痛吧？海滩上庙会般的热闹，海底却是成千上万鱼儿的葬礼。对一切生命抱悲悯之心看待生与死、悲与欢，它们同时存在，相互依存。

金子美铃的童谣反映了她对死亡的独特思考。《金鱼之墓》、《雀的墓》等，从题目看金子美铃已经不忌讳把坟墓、死亡等词汇运用到童谣创作里，似乎暗示了其自身最后的人生走向。

布鲁姆在他的《西方正典》中提出，西方经典的全部意义在于使人善用自己的孤独，这一孤独的最终形式是一个人和自己的死亡相遇。读金子美铃的童谣，感受她的生死观和生命态度，再联想她最后的命运结局，让人们感到她对死亡早已经无所畏惧。她短促的一生，承受了太多的孤独和痛苦。早年死去埋葬于无主墓中的父亲，忙于家计无暇给予金子美铃足够关怀的母亲，对她产生巨大影响的文学导师西条八十，以及带给她不幸婚姻的丈夫，在她的生命中给她带来各种不同内涵的孤独和悲哀。当这种孤独与悲哀无以排遣而远超承受极限，死亡成了解脱，而获得永恒的安宁，永恒的幸福。

七

综上，金子美铃的童谣充分诠释了"修辞立其诚"。

金子美铃找到了一条返回童年的秘密通道，她满怀孩子般的天真和好奇，以儿童最本真自然的状态来体验感受这个世界，用简单直白的语言写出轻盈生动、富有想象力的童谣。

她善于比拟,在万物灵性中自如地拟人拟物。

她善于想象,创造出无限奇幻的比喻和意象。

她善于运用类比,描摹事物的共性与细微差异。

她善于运用排比、反复以及回环的结构,让音韵、节奏、情感、形象流动。

她善于运用对比,在悲欢苦乐甚至生死的对比中,诠释生命的意义。

以纯粹的童心和超凡的想象力构筑生命和心灵的城堡——金子美铃的童谣世界,带给我们永远的沉思和怀念。

今天,金子美铃的童谣诗集,已经成为许多儿童启蒙教育的书籍。我们一起来读金子美铃的童谣吧,永远地,用一颗儿童的心,温柔地看这世界。

第三节　金子美铃童谣走进语文课堂

看不见却在那里，

有些东西看不见。

——金子美铃

一

儿童是天生的诗人。

在学校里我们见到成百上千的孩子，却又似乎未能见到几位小诗人。因为学校按照规定的课程体系和课程内容实施教学，儿童的诗性需要通过教师的努力才更有机会显现。如金子美铃所写："看不见却在那里，有些东西看不见。"儿童的诗性看不见却在那里，如果教师用心去发现，就会在纯真无瑕的童心里见到孩子们的诗性。

带一首童谣进课堂，随时与孩子们的诗性智慧相遇。

有一次，我带着一首金子美铃的童谣《奇怪的事》，走进香洲区实验学校二年级1班的语文课堂。这是一首描写日常生活的童谣，用简单的字眼讲熟悉的现象，表达儿童对生活的好奇与提问。

奇怪的事

我奇怪得不得了，　　　　　　　　我奇怪得不得了，
乌云里落下来的雨，　　　　　　　谁都没碰过的葫芦花，
却闪着银色的光。　　　　　　　　一个人"啪"地开了花。

我奇怪得不得了，　　　　　　　　我奇怪得不得了，
吃了绿色的桑树叶，　　　　　　　问谁谁都笑着说，
却长出白色的蚕宝宝。　　　　　　"那是当然的啦"。

课堂上让孩子们进行了一遍遍诵读之后,不做讲解,直接让他们仿写一段。不一会儿,一张张小纸片上写下了孩子们的诗心妙语:

"我奇怪得不得了,
为什么树叶一变黄,
就一片一片地落下来?"(陆瑶)

"我奇怪得不得了,
黑夜里的萤火虫,
为什么会闪闪发光?"(黄嫄淇)

"我奇怪得不得了,
为什么不好看的毛毛虫,
可以长成漂亮的蝴蝶呢?"(肖泽叶)

"我奇怪得不得了,
为什么只是轻轻地碰了一下,

蜗牛就缩进自己的家里?"(赖希灵)

"我奇怪得不得了,
天上的云,
为什么会走路呢?"(张籽润)

"我奇怪得不得了,
女人长大就有孩子,
树长成几米高却没有孩子。"(张子博)

"我奇怪得不得了,
地球天天转,
我怎么却感受不到呢?"(郭雨楟)

写这样的诗句,对于刚从一年级升入二年级的孩子们来说没有什么困难,就像清洌自出的泉水,一派天真,自然无比。想来,孩子们的心尚未浸染红尘,因而更能够倾听天籁,更能与自然融为一体。在成长为大人的过程中,我们一点点丢失了孩提时代的奇思妙想,对世界的感觉日渐麻木,面对眼前一颗颗赤子之心,我们的心灵是否感受到一种仿佛洗濯之后的清新愉悦呢?

二

2017年秋季开学,我来到香洲区实验学校的四年级6班。之前我给这个班级上过童谣与绘画的课程,对这个班孩子们的想象力有深刻印象。这一次,给他们带来一首金子美铃的《知了的外衣》。

　　课堂上我提供了蝉蜕的图片,孩子们能辨认出它是蝉羽化之后留下的外壳。孩子们表现得比较兴奋,有的抢着表示见过比这更漂亮的蝉蜕,有的抢着向大家介绍蝉由幼虫到成虫的变化。

　　我请大家以蝉蜕为对象,展开一连串联想:

　　蝉蜕(空壳)→(　　　)→(　　　)→……

　　不一会儿,孩子们争先恐后地说出了他们联想的内容:

　　蝉蜕(空壳)→(衣服)→(出走)→(长大)→(交配)→(衰老)→(死亡)→……

　　我真的有些讶异。才一个暑假不见,他们就突然长大了。上学期他们是三年级,童谣绘画课上有很多出乎意料的发散思维,然而在今天的这堂课上他们完全地表现出一种理性。这是否真的意味着,想象力在人的 9 岁达到一个峰值,然后迎来理性思维的迅速发展?

　　我说:"科学家一般缜密的思维非常好,不过,我也希望你们永远葆有诗人的一面;运用我们的想象力时,不一定要拘泥于科学的概念和常识,天马行空式的想象会让你们更自由,更有创造力。"

　　然后,我给孩子们阅读欣赏金子美铃的《知了的外衣》。

知了的外衣

妈妈,　　　　　　　　　　　　脱下来,忘了,
屋后的树荫下面,　　　　　　　就飞走啦。
有一件
知了的外衣。　　　　　　　　　到了晚上
　　　　　　　　　　　　　　　一定很冷吧,
知了也一定是热了　　　　　　　我们该给它
才把它脱掉的吧,　　　　　　　送到哪儿去呢?

　　孩子们很容易读懂这首童谣,他们体会到诗人的心因蝉蜕而联想到它的主人——知了,并将它拟人化,想象它同人一样怕热怕冷,它像小朋友一样粗心,落下了外衣,而诗人在这种入微体察中有一份温暖的关切,对知了这样的小小生命也给予平等的注视、关心。

随后,我又给出一个主题:积雪。

面对积雪的图片,孩子们展开联想。大部分孩子联想到的是:白色的杯子、白色的蝴蝶、白色的湖、白色的被子……

我不断追问:"还有呢?"

有个孩子说:"篝火。因为寒冷,所以想到了篝火。"

我赞许他因厚厚的积雪而联想到火红的、温暖的篝火。

随后引入金子美铃的童谣《积雪》并提问:"她因为积雪而想到了什么呢?"

孩子们能读懂。有的孩子站起来分享,说金子美铃所写的积雪有一颗孤独的心,一颗无奈的心,一颗绝望的心。还有孩子说,金子美铃写积雪的心,就是写自己的不幸。

我提问:"为什么金子美铃能把自己的不幸融入积雪,又把积雪的内心传递给我们读者呢?"

孩子们说,因为她有想象,她还运用了替换法。

是的,写童谣的时候,需要我们运用丰富的自由的想象,需要我们用一点替换法:把我们的心放在自然的事物当中,或者把自然的事物当作我们自身。

那么,孩子们能运用"想象＋替换"的方法,现场写一首童谣吗?

三

孩子们当场写出了自己的童谣。从模仿到创作,可以感受到一颗颗诗心在课堂上萌动,荡漾出智慧的涟漪。

树

邱高望(四年级)

榆树你很少吃饭吧,　　　　　　　　身体那么粗壮。
长得那么高瘦。

　　　　　　　　　　　　　　　　榕树你很年长吧,
槐树你经常运动吧,　　　　　　　　胡子垂到了脚底。

　　邱高望模仿了《积雪》的三段式结构,选择"树"为主题进行分解,以拟人的方式道出三种树木的个性特点,完全是孩子的口吻、孩子气的想象,说榆树高瘦是因为很少吃饭、槐树粗壮是因为经常运动、榕树则年长而胡子垂地,在儿童的世界里这样的想象是合理的,但合理中又很有一些意外性,这恰是儿童诗性的有趣与可爱之处吧。

猫

宋雨馨(四年级)

猫的脚步轻轻的,　　　　　　　　它还真"贴心"。

做坏事从来不让人知道,

像是个"小偷"。　　　　　　　　　猫的脚步轻轻的,

　　　　　　　　　　　　　　　　走来走去,猛不丁给你一个惊喜,

猫的脚步轻轻的,　　　　　　　　真是一个小"淘气包"!

可能是不想打扰入睡的人吧,

　　许是有过养猫、逗猫的生活经验,宋雨馨对猫的观察很是入神。猫在她的笔下是"小偷",也很"贴心",还是一个猛不丁给人带来惊喜的"淘气包",各种描摹都源于"猫的脚步轻轻的",可谓观察得细致入微,也暗含着小主人对猫的喜爱。

　　很多孩子喜欢写云,大抵因为云最自在,也最易带给孩子们无穷的遐思吧。我们来看看课堂上三个孩子写的《云》。

云

邱高望(四年级)

黑色的云,　　　　　　　　　　　在天空中嬉戏奔跑!

你很伤心吧,

为什么在天空中哭泣?　　　　　　黄昏的云儿,

　　　　　　　　　　　　　　　　你很淘气吧,

白色的云,　　　　　　　　　　　把自己涂成了金色!

你一定很高兴吧,

云

毛颖(四年级)

云是个淘气包

　飘着飘着

就变成了许多好玩的东西

云是个冒失鬼

　飘着飘着

就无影无踪了

云是个勇敢的小孩

　拿着行李

旅行归来寻找自己的家

云

卓立枫(四年级)

云，

是千变万化的。

看那雪白的马儿，

瞬间变成绵羊。

那只灰色的狼，

却变成了一只兔子。

原来啊，

是风在捣乱呢。

　　邱高望的《云》显然模仿了金子美铃的《积雪》。《积雪》按空间顺序分解为上层、下层、中层,邱高望则按照色彩来分解,写了黑色的云、白色的云、金色的云。虽然模仿痕迹重,但也一派天真,仿佛神游云间,与天上的云喃喃对话,语言流畅,情感自然,并列的结构令整首作品充满孩子的欢欣。

　　毛颖与邱高望的写法相似,但在创造性思维方面更为新奇,比如把云写作"勇敢的小孩拿着行李"。复沓的"飘着飘着"营造了孩童的梦幻感,每一节的第二行都退后两格,令整首作品在音韵,甚至视觉上都有一种参差错落之美。

　　卓立枫的《云》选择了"总—分—总"的结构,整首作品有一种环形的完整感。写云,用了一连串比喻;写风,则用了拟人。结尾是一种出乎意料的安排,"原来啊,是风在捣乱呢",瞬间给了前面所有的内容一个回应,特别有力量。作品很短小,但很完整,有一种内在的流畅和张力,足以证明孩子的创作能力。

四

　　带一首金子美铃的童谣去跟文学社的孩子相遇,能激起怎样的诗性浪花?

我选择了一首同样简单易读的《露珠》，引导孩子们发现金子美铃童谣创作的秘密。

露珠

谁都不要告诉　　　　　　　　　说出去了，
好吗？　　　　　　　　　　　　传到
　　　　　　　　　　　　　　　蜜蜂的耳朵里，

清晨庭院的
角落里，　　　　　　　　　　　它会像
花儿悄悄　　　　　　　　　　　做了亏心事一样，
掉眼泪的事。　　　　　　　　　飞回去
　　　　　　　　　　　　　　　还蜂蜜吧。

万一这事

这首《露珠》有着典型的金子美铃风格。浅显的字眼，熟悉的事物，她赋予花朵、蜜蜂鲜活的"人情味"，让它们有着和她一样的呼吸频率和情感世界，自然纯粹，富有生气。

我给文学社的孩子们简单介绍了一下金子美铃的背景，出示了这首《露珠》。读了几遍之后，请孩子们思考两个问题：

一是童谣创作用到的替换法。

露珠→（替换为）→（　　　）

二是童谣中思维的发散，也就是联想法的运用。

露珠→（　　　）→（　　　）→（　　　）→（　　　）

当然，这首《露珠》明白如话，孩子们十分容易理解，他们迅速揭示了童谣中思维的秘密：

关于替换法：

露珠→（替换为）→（花儿的眼泪）

关于联想法：

露珠→（花儿的眼泪）→（蜜蜂）→（亏心事）→（还蜂蜜）→（谁都不要告诉）→……

这其实是童谣创作方法层面的两个问题。

在此基础上，我设计了一张融合思维导图与作品呈现的作业纸：

孩子们当场完成了这次习作。我们来看看其中的两份作业：

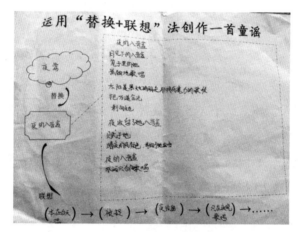

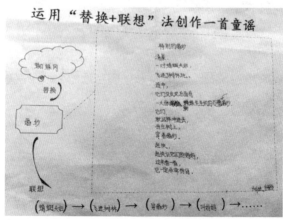

将这两首童谣作品整理如下：

<table>
<tr><td>

夜的八音盒

刘瑜（六年级）

月光下的八音盒
笼子里的她
孤独地歌唱

太阳羡慕她那拥有魔力的歌喉
把万道金光
刺向她

夜收留了八音盒
赋予她
暗夜的颜色
并给予她自由
夜的八音盒
永远只为夜歌唱

</td><td>

特别的婚纱

许铨祚（六年级）

清晨，
一对蜻蜓夫妇，
飞进了树林玩。

途中，
他们没发现后面有
一大张蜘蛛先生织的婚纱。

他们
就这样冲进去，
挂在树上，
穿着婚纱。

赶快，
赶快让他们的妈妈，
过来看一看，
她一定非常惊讶！

</td></tr>
</table>

这两首作品让人有惊艳之感。

首先这两首作品使用替换法，创造了很特别的比喻。用"夜的八音盒"来隐喻"夜莺"，用"婚纱"来隐喻"蜘蛛网"，新奇、独特，超出了通常的想象。

其次，两首作品都在短小的篇幅里制造了一种戏剧感，简洁流畅中充满了紧张、冲突、悬念，牢牢抓住读者的视线与想象，让读者也情不自禁地去构想作品中的画面。

再次，不得不承认，两首作品塑造了一些很特别的人物形象，营造了很独特的审美氛围。《夜的八音盒》里，太阳仿佛是一个妒忌、暴虐的神，夜好像是一个宽爱、仁和的主人,夜莺则美丽、哀伤、忠诚、孤独……带给人无限的遐想,读者感受到一种深情与哀戚。《特别的婚纱》更近乎惊悚,新婚的蜻蜓夫妇游玩时撞上蜘蛛先生织的网,"冲进去"、"挂在树上"、"穿着婚纱",新婚的甜蜜竟演变成了死亡的气息!

翻看学校童谣社资料,看到《特别的婚纱》作者许铨祚在二年级的时候也曾写过一首关于蜘蛛网的童谣:

蜘蛛网
许铨祚(二年级)

我观察到的蜘蛛网　　　　　　穿在身上的蜘蛛
就像一张铺在海面的渔网　　　一定很开心吧
有时风轻轻吹过
它又像一道流动的　　　　　　我观察到的蜘蛛网
瀑布　　　　　　　　　　　　是蜘蛛精心搭建的家
　　　　　　　　　　　　　　我想
我观察到的蜘蛛网　　　　　　有这样温暖的家
像棉线织的毛衣　　　　　　　蜘蛛一定很幸福

对于教师来说,看到许铨祚同学在不同时段写的同一题材的作品,真是一件有趣而又欣慰的事。他二年级的《蜘蛛网》更有童谣的特质,童言童语,天真烂漫,写出了孩子对事物的观察和想象。六年级的这首《特别的婚纱》,非常成熟,诗中的隐喻给人深刻印象,见证了孩子思维和语言创造力的发展与飞跃。

五

正是出于对儿童诗性智慧的珍视与呵护,香洲区实验学校在2014年组建了第一批童谣社。侯丽娜老师在二年级领头,杨丽华、黄青云、柯雪君、刘瑶璐、潘虹、黄艳、麦盈盈、杜斌鸿、王凤明、李秋媚等10位教师一齐加入,成立了一个依托年级的"魔show绘"童谣社。10个班级,成立了10个班级童谣社,以可爱的小动物命名：二(1)小仓鼠童谣社、二(2)跳跳蛙童谣社、二(3)嘟嘟熊童谣社、二(4)大圣童谣社、二(5)跳跳鹿童谣社、二(6)豆豆龙童谣社、二(7)小海豚童谣社、二(8)麦兜童谣社、二(9)海绵宝宝童谣社、二(10)精灵兔童谣社。10个班级童谣社都设计了自己的logo，共同在网上开设了一个童谣社博客，记录童谣社的教学内容，发布孩子们的童谣作品。

回顾童谣社的发展历程，侯丽娜等教师从四个方面来构建童谣读写绘课程。

一是选编主题式童谣内容引导读写。有诗人主题，从国内的金波、圣野、高洪波，到国外的金子美铃、谢尔·希尔弗斯坦、贾尼·罗大里，将优秀童谣诗人的作品带给孩子们；有时间主题，根据季节、时令的变化，选择相应的童谣，作为一个时期的晨诵主题；有采风式主题，将大自然中的景物作为主题，让孩子们进行诵读与仿作；有生日主题，让孩子们选择喜欢的童谣作为礼物送给过生日的小伙伴。

二是嵌入式童谣教学激发课堂活力。让童谣走进常态语文课堂，服务于低年级语文教学，在低年级拼音、识字、写字三种课型中，巧妙嵌入童谣的创编练习。如创编汉语拼音识记童谣，提醒孩子们不要混淆形近的字母；师生齐编汉字书写童谣，用于指导汉字书写练习；巧编童谣式字谜，巩固识字效果。

三是实施读、写、绘结合的跨主题活动课程。孩子们会写的字还不够多，教师可引导孩子们读绘本、诵童谣，用稚嫩的语言复述故事，用简单的字句写作童谣，每次都鼓励孩子们尽可能画出来，将天马行空的想象与幻想以童谣与绘画相结合的方式表达出来。10个童谣社还合作创编了童谣的情景诵读，在校内外为师生演出。

四是开展童谣节特色活动。教师牵手家长共同策划，引导孩子们在"荐、诵、编、创、唱、书"的节日活动中尽情创造。荐，由家长们收集适合孩子们的优秀童谣，在学校橱窗、年级童谣博客进行展示，孩子们投票选出最喜爱的童谣，教师筛选分类后分层向学生推荐；诵，利用晨会时间，孩子们轮流做主持人，自主设计与童谣相关的内容，在班级乃至全年级范围内举办优秀童谣诵读会，进一步领略优秀童谣的魅力；编，各班编排一个童谣节目，快板、课本剧、童谣串串烧等形式皆可，强调自主创作、富有儿童情趣；创，每年举行多主题童谣自由创作大赛，并现场展出；唱，以各班孩子自己创作的童谣为主，配乐传唱，表演交流；书，孩子们用硬笔书写童谣，参加童谣节展示活动。

童谣社的活跃给学校语文科组、语文社团带来了活力。随后，张雪梅老师领衔组建学校的青苗文学社,面向四至六年级爱好文学的孩子,并以"文学社活动序列化"作为课题展开研究,在文学社活动序列中专列童谣版块,创办社刊《青苗》。我亲自参与到文学社的工作和研究中,为文学社讲授童谣课程。后来,我们还支持六年级备课组的十多位教师带领孩子们创办了一个学生报刊《少年行》,半个月刊行一期,每学期都策划出版童谣专刊。

越来越多的孩子爱上童谣、读童谣、写童谣,参加广东省的小学生诗歌节及香洲区中小学诗歌创作大赛并获得佳绩,香洲区实验学校连续获评中共广东省委宣传部、广东省教育厅、广东省作家协会联合颁发的"广东省诗歌教育示范学校"荣誉称号。

六

"看不见却在那里,有些东西看不见。"

儿童的诗性智慧需要我们有一双善于看见的眼睛。以童谣课程守护儿童的诗性智慧,是我的愿望,也是我的方法。

童谣社、文学社之兴盛固然有我的一份热情的支持,不过让我付出更多心力的,是我十多年来持续开展的儿童言语表达与创造力研究。

这些研究分为三个部分:

一是立足常态语文课,通过言语表达提升儿童创造力;

二是跨语文与美术学科,实施童谣绘画课程,发掘儿童诗性智慧;

三是聚焦童谣创作,构建一套旨在培养儿童诗性智慧的童谣创作课程。

本书接下来的三章,分别从这三个方面展开。

第三章

言语表达与诗性思维

诗性即创造，而创造的核心是创造性思维。儿童言语表达的发展，是儿童思维和创造力发展的重要条件。创造并不神秘，语言的学习材料和言语表达的实践，处处都有创造性思维的体现。创造也并非孤立的训练，它就在日常的语文课程中。用好联想、逆向、替换、组合四种创造的方法，人人都会创造，处处都有创造！

第一节　诗性思维的主要方法

在推理能力最薄弱的人们那里我们才发现到真正的诗性的词句。

——维柯

一

维柯认为,"诗性的智慧"的特点是用"感觉"来把握世界,而不是用"理智"。他甚至断言:"推理力愈薄弱,想象力也就成比例地愈旺盛。"

这些说法可能太绝对,因为维柯把"诗性的智慧"与"理性的智慧"绝对对立起来。但总体来说,他猜测原始人思维的特点主要是"感觉"、"感受"、"想象",这带给今天的教育者很多启发。

国外教育理论认为,中低年级是小学生创造力形成的重要阶段。Kirkpatrick在 1900 年的创造性想象测验中发现小学前三年级儿童的创造性想象较后三年级儿童的多。Simpson 在 1966 年编制的创造性想象测验结果表明小学三年级儿童的创造性想象水平最高,四年级后逐渐下降。Torrance 及其同事运用明尼苏达创造性思维测验对小学儿童进行研究,证明小学一至三年级儿童的发散性思维能力随年龄增长而提高,四年级后开始下降,9 岁是儿童创造力发展连续线上的一个下降点。我国学者对小学三至五年级儿童进行创造性思维潜能测验,结果表明,四、五年级的平均成绩低于三年级。这让我们联想到维柯所说的,在推理能力最薄弱的人们那里才能找到真正的诗性词句,也就是说诗性语句产生于语言的贫乏和表达的需要。

人们普遍认为,创造力是指产生新思想,发现和创造新事物的能力,它是成功地完成某种创造性活动所必需的个性品质,是每一个健康的个体都具有的一种普遍心理能力。在儿童早期,创造力就以各种形式表现出来,并随儿童年龄增长而发展。

美国心理学家泰勒根据创造成果的新颖程度和价值大小,把创造力分为五个层次,其中最基础的层次——表达式创造力,是儿童在日常生活中表现出来的创造力,如儿童语言表达、绘画或歌舞表现的创造力。由此可看到在小学阶段保护和培养儿童的创造性思维,发展其表达式创造力之必要。

二

儿童的语言和言语的发展,是思维和创造力发展的重要条件。

在掌握语言之前,儿童认识世界依靠形象,然而毕竟所见有限。掌握语言,让儿童可以认识看不到的、听不到的、感知不到的东西,从口语和书面语中获得丰富的材料,想象与创造也就有了更灵活的内容。当儿童可以脱离具体形象的束缚,将更多的事物联系起来,联想创造的空间就更大了。

儿童的言语发展本身就是创造。言语仅靠模仿、记忆是永远学不完的,每个孩子从牙牙学语开始,就在创造自己的语言。有时孩子会说出大人意想不到的话,有的话恰当,有的话不恰当,父母亲通常都给予鼓励,因为这是孩子在创造。进入小学以后,词汇和语法的掌握、言语的发展和内部言语的产生都为其创造力的发展提供了更丰富的载体,孩子的思维也飞跃发展。

很多语文教师认为语文学科跟创造力培养没太大关系,甚至认为语文教师在儿童创造力培养中很难有什么作为,认为美术教师、科学教师才更适合培养儿童创造力,这是一种很深的误解。2011 至 2014 年,我主持广东省教育科学规划课题"通过言语表达训练提升中低年级小学生创造力的研究",研究围绕言语表达,保护和培养学生出于纯真、自然的创造力,探索培养学生的观察、发现、思考并从中进行创造性表达的能力,从而使少年儿童的创造力在思维发展的关键年龄阶段得以充分发展,并探讨这一小语教育规律于拓展小语教育在创造力培养方面的作用。

创造性思维是创造力的核心。学生入学后首先受到的是行为规范养成教育,班级授课训练学生统一行为规范、统一寻求标准答案。课题刚开展时明显感到学生思维的局限,进行发散联想、逆向联想时陷入缄默,言语表达趋同,在这样的言语活动中难见思维的创造性。经过一段时间的培养后,学生的思维明显活跃,能够在教师引导下运用联想、替换、逆向、组合四种方法进行灵活的言语表达,逐步表现出思维的创造性品质,这种变化也让同班级的其他学科(如数学)任课教师甚为感慨。

儿童天然地具有诗人的气质与情感,他们能凭着敏锐的感觉和天真的本性,直觉、形象地认识事物和把握本质。在我们的课题研究中这样的例子举不胜举。孩子们的言语创作闪烁着诗性直觉之花,他们用自己的眼睛去看别人看到的东西,却能在别人司空见惯的东西上发现美和诗意。

教师们在国家统一课程的实施中为儿童的自然本性张扬创造了合适的土壤,孩子们的诗性直觉创造能力得以充分展示,教师们在保护和培养学生出于纯真、自然的创造力的同时,自己也变得更有激情和创造力。

我们反复强调不要把"创造"神秘化。其实,语言的学习材料和言语的实践,处处都有创造性思维的体现。孩子们需要知道,我们现在的所学,无非也是"人"创造出来的,我们学会其中的方法,也可以进行卓越的创造。教师们则要认识到,我们的教学并非是将创造性思维的训练当成一个孤立的学习训练内容,而是将原有的学习目标、内容,与创造性思维有机结合,充分运用语文教材中已有的创造性思维内容。创造性思维的介入,会使孩子们更好地理解课文,了解方法,记忆知识,增长本领。

在课题研究中,我们突出运用四种创造性思维的方法,结合日常语文课中的言语引导孩子们练习。这四种方法是:联想、替换、逆向、组合。其中,联想和逆向具有发散性和突变性,替换和组合具有收敛性和逻辑性。抽象出这四种主要的创造方法,能帮助孩子们看穿创造的本质,掌握方法并进行更多自由的、开放的创造,应用到各学科的学习,以及对自己、对成长、对社会的思考当中去。当然,这其中包括回归到言语表达上。

三

方法一:联想。

人们在观察世界、认识自然、求知创新的过程中,在日常生活中,常常会产生联想。联想就像纽带、桥梁,将各种各样的事物和人的思维联系起来,让人们产生新思想、造出新事物:诗人的真挚诗情,作家的泉涌文思,音乐家的妙曲,科学家的精彩假设,政治家的深谋远虑,发明家的标新立异……都离不开联想。世界有多大,联想的空间就有多大,失去联想也就失去创造。

语文课亦是如此,联想无尽,创造无限。

一年级的语文课堂上,教师随时带领小朋友展开联想。

教师问:"春天有什么?"

学生展开联想:"春天有花、鸟、人、山、水……"

打开课本,一起读诗:"远看山有色,近听水无声。春去花还在,人来鸟不惊。"看,围绕"春天"进行联想,将联想到的东西组合起来,就成为了一首诗。

这是运用联想帮助我们理解语言作品的创造。

我们也可以做个练习,由"鱼"展开联想:鱼、鱼肉、鱼钩、鱼皮、渔船、轮船、太空船……根据丰富的联想,可以编一个故事,还可以画一幅画:一艘鲸鱼形状的太空飞船,在金色的月亮前驶过……

这是运用联想帮助我们进行创造。

语文课堂上,我们可以带领孩子们一起来研究那些了不起的作品是怎样被"创造"出来的。比如,李白的《静夜思》千古传诵,这么有名的诗是怎么写出来的呢?"光——霜——月——故乡",其实,就是联想啊!试想:诗人客中深夜不眠、短梦初回的时刻,庭院寂寥,皎洁的月光洒在床前,乍一望去,好像是地上铺了一层皑皑的白霜,可是定睛一看,这哪是霜痕,而是月色啊。诗人不免抬头望去,一轮明月正挂在窗前,夜空如此明净,月光如此清冷,诗人凝望着异乡的月亮,产生遐想,想到故乡的月亮,故乡的亲人,故乡的一切。想着,想着,头渐渐地低了下去,完全浸入沉思之中。"床前明月光,疑是地上霜。举头望明月,低头思故乡。"伟大的诗就是在一步一步的联想中产生的,联想帮助诗人完成了诗的创作。

如此,我们就把原是孩子们被动学习的内容,变成揭示创造者的创造方法的过程,学习就成了"探索与发现"的过程。让孩子们去模仿和学习这样的创造,孩子们就有了学习的自信(不是仰望别人),孩子们就体验到了真正的学习快乐,孩子们也就学会了创造!

我建议语文教师在课堂上安排一些语言小游戏,比如"词语接龙"。耗时不多,学生喜欢,在游戏中不仅考察词汇量、反应速度,也考察联想能力。

"词语接龙"的玩法:每人说一个词,要求词与词之间首尾相连,后一个词的第一个字是前一个词的最后一个字,可以是同音字,或谐音字。可以找一支笔或一朵花,类似接力棒,或是代表发言的麦克风,用来传递,烘托气氛。举个例子:"春天——天气——气球——球鞋——鞋带——带领——领袖——绣花——花朵——躲避——避雨——雨点。"孩子们非常喜欢这样的游戏,注意力很集中,反应快,热情很高。

相似的,也可以玩"句子接龙"、"故事接龙"。大家轮流说句子,后一个句子开头的词是前一个句子末尾的词,或者后一段故事的开头要承接前一段故事的结尾,使之一波三折而不断发展。

我曾经和大学里的教授朋友玩"词语接龙"游戏。有趣的是教授并不能够像小孩子一样应答如流,面对某个词似乎要略略思忖才能确定,接龙的速度不快。也许知识丰富的成年人更习惯于寻求逻辑关系,而"词语接龙"不倚赖逻辑,需要的是开阔的想象空间。小孩子知识经验不足,思维定式少,接龙时不易凝滞在一个点上,也就更能够自由、流畅地展开联想。

联想的游戏很多。遥望天空,月亮、星星、云,都是那样的引人遐想。它们是什么样子,好像是什么,发生了什么变化,它们看到了什么,对谁会说些什么,它们之间会有怎样的故事? 甚至可以纯粹地做白日梦,成人是不屑做白日梦的,孩子们却不同,在孩子们那里,白日梦与夜晚梦一样都是愿望表达的一种方式。假如你生活在童话的城堡里,我们的生活会是什么样? 如果我们生活在古代,你希望生活在哪个朝代,你会是什么样子,我们大家会发生什么故事? 从创造的角度来说,白日梦是思维没有被禁锢的标志。在这样的游戏当中,孩子们所做的就是创造。

四

方法二:替换。

替换法,也叫换元法。把语言材料中的某个元素,换成另外的东西,得到新的表达效果。语文课程的学习,经常要用到替换法。

识字课中,"闷、闭、闲、闪",换"门"中的字。这是替换。

又如造句:"太阳升起来了。""月亮升起来了。""国旗升起来了。"这也是替换。同样是"升起来",将"太阳"换成"月亮",换成"国旗",体现了联想中思维方向的突变。

一年级课文:

"我家门口有一棵小树。冬天到了,爷爷给小树穿上暖和的衣裳。小树不冷了。夏天到了,小树给爷爷撑开绿色的小伞。爷爷不热了。"

"暖和的衣裳"——那是衣裳吗? 运用了替换。

"绿色的小伞"——那是小伞吗? 仍然用了替换。

二年级课文《风娃娃》，引导发散式联想：

"大风吹，吹什么？"

——吹动风车、吹动帆船、吹跑衣服、吹翻风筝、吹折树枝……

"风娃娃能吹看不见、摸不着的东西吗？"

——吹响号角、吹响琴声、吹响歌声、吹美心灵……

替换法的运用，让联想在发散性思维中具有了某种突变性，往往给言语表达带来耳目一新的效果。

五

方法三：组合。

两种或两种以上的事物或因素组织在一起，构成新的事物或新的结果，就是组合。爱因斯坦说过："组合作用似乎是创造性思维的本质特征。"日本创造学家高桥浩指出："创造的原理，最终是信息的截断和再组合。把集中起来的信息分散开，以新的观点再将其组合起来，就会产生新的事物或方法。"

人类的许多创造成果源于组合。组织得好的石头能成为建筑，组织得好的词汇能成为漂亮的文章，组织得好的想象和激情能成为优美的诗篇。在自然界和人类社会中，组合现象非常普遍，组合的可能性无穷无尽。例如最简单的组合，饭锅和电炉组合在一起就成了电饭锅，而水杯和电炉组合在一起则成了电热杯。总之只要根据需要，把不同的事物有机地结合，就有可能创造出新事物。

汉字的形体就是由笔画组合成的，最少的是一笔，如"一、乙"，在常用字里有的字多到二十几笔，比方"麟、囊、赣、镶"，都是笔画的组合。两个单独使用的字作为部件，可以组合为一个新字，例如"人"和"言"组合成"信"，表示人讲话要真诚，信当诚讲；"戈"和"止"组合成"武"，表示拿着戈有所行动，有武力征伐之意。这是会意字。形声字则是用一个表示意思的部件和一个表示读音的部件来组合成一个字，如"江、河"，《说文解字》这样组合而成的形声字有 8 000 多个，它们既是部件的组合，也是音和形的组合。事实上形声是最有创造力的造字法，"氖、氦、氨、铀、醚、醛"这类化学家造出来的字，"进、园、钟"等这类经过简化的汉字，都是采用形声组合造字的方法。字与字又可以组合成不同的词，不同的字词组合成句，句与句组合成文段，语文学科本身就离不开组合创造。

语文课堂上可以开展一些组合游戏,培养孩子的言语表达创造力。

例如"随机造句"。玩法:用小纸条分类写词(名词、动词、量词、介词、形容词等),每人依次抽取,随机组成句子。可能会出现这样的句子:"灵活的奶牛编制一扇窗子。"这些句子奇特滑稽,带给孩子们笑声的同时,也带来更丰富大胆的想法。

又如随机编故事的游戏。玩法:用小纸条随意写上名称、场景和活动的词语,放入不同盘子。每人随机抽取三张不同类的纸条,用五分钟编故事。如:茄子、世界大战、握手。设想,抽到这三个词的孩子,会编出怎样的故事?

六

方法四:逆向。

逆向,即反向。当人们习惯朝着某个固定的思维方向思考问题,而你却独自朝相反的方向思索,这样的思维方式就叫逆向思维。

"反其道而思之",让思维向对立面的方向发展,从问题的相反面深入地进行探索,常能产生新想法,创造新结果。孩子们熟知的司马光砸缸救人的故事,有人落水,常规的思维模式是"救人离水",而司马光面对紧急险情,运用逆向思维,果断地用石头把缸砸破,"让水离人",救了小伙伴性命。可见,逆向思维的结果常常会令人大吃一惊,喜出望外,别有所得。

语文课堂上可以开展逆向思维游戏。

例如"听口令,反着做"的游戏。玩法:教师说"起立",孩子们就要坐着不动;教师说"举左手",孩子们就要举右手;教师说"向前走一步",孩子们就要往后退一步。同样,也可以进行反义词游戏:"白天"对"黑夜","勤劳"对"懒惰","开始"对"结束"……总而言之,"反着来"才行。这种游戏任何时候都可以进行,孩子们通常都表现得很兴奋,注意力高度集中,在积极快乐的参与中训练了思维的逆向与敏捷。

还有完全不考虑逻辑的"颠倒"游戏,适合低年级孩子。比如"颠倒词语":教师说"蛋糕",孩子们说"糕蛋"。诸如"炒菜——菜炒","窗户——户窗","回家——家回",这很无厘头,但确实有着强烈的幽默感,能够令课堂气氛瞬间活跃,暗示孩子们要敢于打破常规,大胆去想。又如"颠倒句子":"太阳下山",颠倒过来说成"山下太阳";"妈妈织毛衣",颠倒过来说成"毛衣织妈妈"。孩子们争先恐后抢着说,并哈哈大笑。或许有教师担心在测试卷上出现这样颠倒了的词句而导致扣分,但事实上从来没有发生过这样的状况,孩子们哈哈大笑地投入这样的游戏,并非他们不知道规范准确的词语和句子是怎样的,而是他们乐于创造不同的而又好笑的东西,在语言游戏中享受创造的乐趣。

比较有挑战的逆向游戏是"颠倒故事"。故事一般顺序是:"先……再……然后……最后……"做逆向思维练习时,则要将故事反过来说,需要打破时间的逻辑,不易完成,需要孩子们投入更多的注意力。

七

在日常语文教学中,我们注重每堂课都设计好两个环节:"玩一玩"、"练一练"。其中"玩一玩"环节,主要采用上述创造力小游戏,供教师选择使用;"练一练"环节,则由教师把语文课程中的联想、组合、替换、逆向等创造方法提炼出来,加以明确解释后反用到教学中去,教师结合教材从这四种创造方法中选择一种或几种进行训练设计,以强化言语训练的教学策略、方法,进而拓展常态语文课程的教学,以达到在言语训练中提升学生创造力的目的。

识字教学。教师们采用动词提示法"加一加"、"减一减"、"变一变"、"换一换"进行识字教学,使学生在积极的观察、记忆、联想、比较、构造等思维活动中获得自主识字的能力。陈旖旖等教师则抓住儿童天生的好奇心,灵活运用"编字谜"、"猜字谜"等独特的"字谜教学法",激发学生的创造潜能,引导学生在观察、想象中制造无数关于汉字的"隐喻",每个学生以独特的语言方式加以揭示与表达,编出一个个生动形象的字谜,为识字带来无限的乐趣与挑战。

阅读教学。阅读课常穿插"词语接龙"、"说反义词"、"颠倒词句"或"词语四步联想"等语言游戏,从中展开创造性思维练习。进行重点词句教学时,教师们常采用联想、替换、组合相结合的方法让学生来理解与表达,从而掌握重点词句的意思并灵活运用。教师们常要求学生为故事设想一个原因(如《丑小鸭》中的天鹅蛋为什么会在鸭妈妈那里),给课文续编一个不同的结尾(如为《松鼠和松果》编一个完全不同甚至是相反的结尾),或是逆向想象(如《太阳》一课"如果没有太阳这个世界将会怎样")。香华实验学校程敏芬老师针对三年级的阅读教材采用变换角度复述、扮演角色复述等方式,让学生读了《蜜蜂》后扮演法布尔或女儿,读了《玩出了名堂》后变身列文虎克,读了《找骆驼》后选择扮演老人或商人,读了《花钟》后则扮演导游,创造性地复述文章内容。这极大地激发了学生的挑战心,学生在复述中有意增加富有想象力的细节,使复述明显具有创造性。

"语文园地"的教学。"我的发现"、"日积月累"版块中无论是形声字规律练习,还是短小诗歌的积累背诵,教师们都能让学生饶有兴味地进行儿歌创编。学生在"我的发现"里看到不同部首的字被归在一类,何丽老师就引导他们编出:"有'足'快快跑,有'饣'能吃饱,有'氵'能洗手,有'扌'能做事,有'口'能说话,有'犭'是动物,有'忄'有感情,有'艹'是植物……""日积月累"栏目则给学生提供了一次又一次模仿创作童谣的机会。

写话教学。每堂课学生都获得了自由写的机会。从一句,到一段,甚至到完整的一篇,在创造性的思维被激活后每个学生都可以自由地创造。教师们在实践中总结出四个步骤:学习范本感受语言、针对某点简单仿写、头脑风暴发散联想、打开思路自由创作。照此方法,即使差生也有话可说、有话可写。香华实验学校的童话、杨匏安纪念学校的童谣、区实验学校的"编字谜",都是学生写话表达结出果实的突出例子。

小学语文教材的形态可以看作主题统整下的文章集锦,语文课的形态在绝大多数情况下都表现为文本解读型,即"初读课文——分段讲读——总结练习"。然而在这项研究中,我希望教师们着力将语文课转变为"语言学习型"、"言语表达型"。在这样的课堂中,孩子们不仅在学习独立地创造,且具有思维和言语表达的新颖性,他们甚至也因此而更具有对别人发明与创造的欣赏能力。

在此过程中,教师们也因此而更富有创造力。我们采用相同格式的工作表进行备课,在课题组博客上开设"单元备课单"、"每课备课单"、"创意及时报"、"精彩一刻"、"童言童语"等栏目,及时分享教学智慧和课堂心得、学生反馈。课题博客提供了一个创意共享、交流互动、虚实相融的教研空间,当教师们在课题博客上贴出同一课的不同上法与成效时,总会迫切地彼此阅读分享,及时吸纳他人备课成果用于改进自己的教学,852篇课题博客记录了教师们在研究当中专业成长的点滴,也呈现了教师们一点一点变得更富有热情和创造力的变化历程。

第二节　让言语表达更富诗性

能凭想象来创造,他们就叫做"诗人"。

——维柯

一

小学语文学科如何培养儿童的创造性思维,从而提升儿童创造力? 我和课题组的 50 位语文教师在多所学校开展研究,在新浪网开设"珠海香洲·儿童创造力"课题博客进行探索。教师们以极大的热情开展这项研究工作,在培养儿童创造力的同时,师者自身也表现出更多的创造热情和创造智慧。

二年级上册有一课《风娃娃》,二年级下册有一课《画风》。陈晓凤、何献莹、吴翠芬、何丽等教师依据教材内容,在备课中设计了以"风"为主题的言语表达练习,培养孩子们的创造性思维和创意表达。

《风娃娃》中乖巧的风娃娃,它帮助人们做好事,吹动风车,吹起船帆,惹得孩子们哈哈笑。偶尔,它也要耍脾气,吹走风筝,吹跑衣服。

教师引导:"风娃娃它还会吹什么呢?"

孩子们联想:"吹走汽车,吹跑房子,吹动地球……"

教师追问,引导逆向思维:"风娃娃能吹看不见、摸不着的东西吗?"

孩子们进一步联想:"风娃娃还会吹响号角,吹掉烦恼,吹美心灵……"

思维渐渐活跃起来,也有了一定的广度,课堂末尾教师提示:"风儿还来到哪里,做了什么?"孩子们大胆表达了自己的想象:

建希:"风娃娃又来到沙漠,吹出了沙尘暴,人们都责怪他。"

骐宁:"风娃娃来到田地里,看见人们正在收割麦子。忽然一片乌云飘来。风娃娃想:人们在收割麦子,被雨淋湿了可不好。于是,他深深地吸了一口气,使劲一吹,乌云被吹走了。人们看见了直夸风娃娃来得及时。"

滢钰："风娃娃来到山上，看见有许多蒲公英宝宝站在妈妈身上，一动也不动，他深深地吸了一口气，使劲向蒲公英宝宝吹去，把他们送到草地上，让他们茁壮成长。蒲公英妈妈微笑着点头向风娃娃表示感谢。"

还有的孩子说："风娃娃会去到公园里，小花随风跳舞；风娃娃会去到城市中，人们吸收新鲜空气；风娃娃还会去到很多很多的地方……啊！我们要感谢你——风娃娃！"

《画风》带来一个问题：风看不见，摸不着，怎么画呢？课文中的三个小朋友互相启发和鼓励，用不同的办法画出了风：红旗飘动、小树弯腰、风车转动、雨丝斜斜。

教师引导："你想怎样画风呢？"

孩子们想画的东西很多：通过被风吹动的头发来画风；树叶从树上飘落了下来，地上的树叶也被风吹了起来；房屋被吹走了；教室里的窗帘被吹起来了；书的页码被风吹得翻动起来了……

画风的方法很多很多，还可以这样画：风吹房子倒、风吹沙子跑、风吹纸船游、风吹电扇转、风吹人不热、风吹气球升、风吹草儿动、风吹水起波、风吹大火灭、风吹衣服干、风吹蒲公英散、风吹尘飞扬、风吹纸飞机飞、风吹草儿绿、风吹羽毛飞、风吹把门关……

教师们结合课文给出一个例子："风来了，风把旗子吹得飘起来，风在旗杆上跳舞呢。"此后，展开引导：

教师引导："想一想，换一换，还可以怎么说呢？"

孩子："风来了，风把叶子吹绿了，风在叶子上玩耍呢。"

教师："'玩耍'这个词很好，如果采用替换法，还可以用什么词？"

孩子："风在叶子上漫步呢。"

孩子："风在叶子上聊天呢。"

孩子："风在叶子上捉迷藏呢。"

在此基础上，引导孩子们用"联想＋替换＋组合"的方法，练习写句子：

风来了，

风把＿＿＿＿＿＿＿＿＿＿＿＿，

风在＿＿＿＿＿＿＿＿＿＿＿。

孩子们展开联想，写下许多诗意的句子：

风来了，风把风车吹动了，风在风车上转圈圈呢。

风来了，风把气球吹走了，风在和气球比跳高呢。

风来了，风把树枝吹得动起来了，风在树枝上做运动呢。

风来了，风把小兔的毛吹得竖起来了，风在给小兔挠痒痒呢。

风来了，风把小河的水吹得翻动起来了，风在和小河唱歌呢。

风来了，风把船吹走了，风在船上看海中的美丽风景呢。

风来了，风把叶子吹走了，风在和叶子一起走路呢。

风来了，风把大地吹暖了，风在大地上玩耍呢。

风来了，风把我的书给吹走了，风在我的书上学知识呢。

风来了，风把房子吹走了，风在世界上做坏事呢。

风来了，风把小鸟冻得吱吱叫，风却在一旁哈哈笑。

风来了，风把妈妈的裙子吹得像一个大大的呼啦圈，风好像在转圈圈。

风来了，风把小河吹下去了，风好像在和小河玩滑滑梯。

风把沙子吹起来了，风在和沙子打招呼呢，风说：你好，你好！

……

将句式微微变化，换一个方式来表达：

风来了，

风把＿＿＿＿＿＿＿＿＿＿＿，

风藏在＿＿＿＿＿＿里。

陈靖妍、梁俊熙两位小朋友,将他们想象的风写成了小诗:

风来了,风把小草吹弯了,风藏在吹弯的小草里;

风来了,风把柳枝吹斜了,风藏在吹斜的柳枝里;

风来了,风把白云吹散了,风藏在吹散的白云里;

风来了,风把风筝吹走了,风藏在吹走的风筝里;

风来了,风把湖水吹皱了,风藏在吹皱的湖水里;

风把春天吹醒了,风藏在吹醒了的春天里。

风来了,风把火吹旺了,风藏在燃烧的火焰里;

风来了,风把黄叶吹落了,风藏在翩翩起舞的黄叶里;

风来了,风把白纸吹飘起来了,风藏在飘舞的白纸里;

风来了,风把衣服吹干了,风藏在吹干的衣服里;

风来了,风把小女孩的头发吹乱了,风藏在吹乱了的头发里。

听着孩子们描述关于风的故事,教师们的心也醉了。10 分钟的随堂创作,让教师们惊叹,原来孩子们的心里有如此丰富的创意,课堂上一个小小的创意点,都可以绽放出如此美丽的火花,让我们看到丰富的想象力恰是诗性创造的源泉!

二

将联想、组合、替换、逆向四种创造方法灵活运用,教师们在备课中牢牢抓住课文的文本,精心设置训练点,进行了许多有价值的课堂教学设计,激发了孩子们的创造力。

一年级有一篇经典老课文《乌鸦喝水》。

阳丽老师设置了一个问题:"瓶子旁边要是没有小石子,乌鸦该怎么办呢?"

一年级的小可爱们兴奋地说着自己的办法:

有的说："找根吸管把瓶子里的水吸上来。"

有的说："那时候很难找到吸管的，可以冒险试一下，用爪子把瓶子放倒，水就流出来了，这时候赶紧喝，就能解渴了。"

有的说："这样真的很冒险，我不太同意，本来水就少，这样很有可能一滴水都喝不到。可以试试，用爪子在旁边挖一个小坑，刚好能放下这个瓶子，只挖到瓶子的一半高，就把瓶子移到小坑里，再试着把瓶子放倒一点点，这时候水也不会全流出来，最后乌鸦的嘴巴凑到小小的瓶口一点一点地喝也能喝到水。"

有的说："也可以这样做，找到一张大一点的树叶，把瓶子里的水倒在树叶上喝。"

有的说："没有吸管，可以制作吸管，用葱来当吸管吸水喝。"

有的说："也可以把树叶卷成吸管一样来喝水。"

　　阳丽老师的这个教学案例，是在充分朗读并理解课文的基础上，综合运用联想、组合、替换、逆向四种创造方法，成功调动孩子们解决问题的热情，激活了思维。

　　成时娟老师注意到《乌鸦喝水》这个单元的主题是"只要动脑筋，就会想出解决问题的办法"，就为每一课都设置了一个围绕"解决问题"的练习，鼓励孩子们展开联想，在替换、组合、逆向等各种脑力激荡中产生新点子、新办法。

《乌鸦喝水》课堂片段：

成老师："乌鸦真聪明，但是如果旁边没有石子，乌鸦该怎么办呢？"

李竹君："可以拿旁边的小草做吸管，就可以喝到水了。"

伍俊华："乌鸦可以用头顶一下瓶子，把瓶子弄倒，就可以喝到水了。"

张启智："如果没有石子，还可以啄地上的泥土放到瓶子里。"

宋嘉威："用它的爪子或者嘴巴把瓶子弄个洞。"

李航："可以用它的大嘴巴把瓶子夹紧，仰起头来喝。"

……

《司马光》课堂片段：

成老师："如果你是司马光，在这紧急关头，还会想出什么好办法救人？"

骆培康："让河马或者大象来抽水。"

周恩昊："让乌鸦来喝水，因为乌鸦口渴了。"

杨雅茜："找根绳子把那个小朋友拉上来。"

伍俊华："拿根竹子把他翘起来。"

李竹君："拿个杯子或盆子来舀水。"

黄诗雅："插根竹子让小朋友在里面呼吸，等待大人来救，小朋友要注意安全。"

黄宇俊："放个笼子进去，让小朋友到笼子里，再把笼子拉出来。"

成老师："俗话说：人多力量大……"

孩子们马上跳起来："把水缸推倒！"

《称象》课堂片段：

成老师："你们的年龄和曹冲相仿，有没有同学也能想出好办法？"

黄炬贤："用跷跷板，当跷跷板变平的时候，那些东西就和大象一样重。"

张启智："把大象绑好挂在一边，另一边挂上石头，石头有多重，大象就有多重。"

李竹君："用一个大盆，让大象坐在里面，在盆上画一条线，再换成水，量量补充进去的水有多重。"

成时娟老师借助本组课文，让孩子们了解了积极动脑的乌鸦、镇定机智的司马光、善于思考的曹冲，并从中受到启发，创想出更多解决问题的好方法，在课堂上尽情表达，孩子们的想象力和创造力真棒！

张明华和周微两位教师也提供了有趣的教学案例,引导孩子们在联想时常联系生活,也脱离生活,鼓励丰富,鼓励求异。

例如《小蝌蚪找妈妈》一课的小蝌蚪变青蛙,孩子们仿照着说了很多:春蚕变飞蛾,毛虫变蝴蝶,鸡蛋变小鸡,黄豆变豆芽,大米变成饭,棉花变成布,树木变成纸,丑小鸭变天鹅……反映出孩子们生活经验和科学知识的储备。

《小壁虎借尾巴》一课则鼓励孩子们想象作画:"我有一条怎样的尾巴? 我的尾巴有什么作用?"孩子们画出了各种让人忍俊不禁的画作,并配以相应的文字:我的尾巴会批改作业;我的尾巴会挡雨;我的尾巴能拨水;我的尾巴能取东西;我的尾巴可以为大楼发电;我的尾巴在我心烦气躁的时候逗我玩,等我睡觉的时候盖在我身上让我暖和……图文配合,脑洞大开,显示出孩子们的思维非常活跃。

《地球爷爷的手》一课则引导孩子们展开"先顺后逆"的联想。

先顺着联想:"你还从哪里看出地球爷爷的双手力大无穷?"孩子们联系生活,列举了很多例子:月亮跑不了,雨水往下滴,米在桶里待,人在地上站……

再逆向联想:"换个角度想一想,如果地球爷爷的手不见了,世界会变得怎么样呢?"孩子们的思维格外活跃:如果地球爷爷没有了手,我们就不能在水里游泳了;如果地球爷爷没有了手,月亮就不会成为地球的好朋友;如果地球爷爷没有了手,南极北极全乱套……

二年级下册《卡尔的小猫》一课,张明华老师以几个问题引导孩子们在小组合作学习中自读解答:①卡罗尔的心愿是什么? ②谁帮助她实现了心愿? ③谁给卡罗尔送来了怎样的小猫? ④小猫太多了,小猫在哪里干什么? ⑤卡罗尔为什么流泪? 其中第③、④个问题,希望孩子们的答案新颖独特。

张老师对孩子们的发言做了记录:

锦弘:"一个新型机器人来到卡罗尔的家,打开胸腔,里面跑出来了一只小花猫。"

柳吟:"白雪公主提着一个花包走到了卡罗尔家,她拉开拉链,一只长着翅膀的小猫慢悠悠地飞下来,卡罗尔惊呆了。"

智兴:"一位国王进来了,他带来了三十个仆从,每个人的手里都抱着一只漂亮的小猫。国王说:'这些小猫送给你!'然后他又摘下他的王冠,只见王冠里跳出来五只小小的小花猫,好可爱喔！国王说:'这是我的珍品,也是给你的,希望你能好好地照顾他们。'这时,突然下雨了,雷公公对她说:'让我和闪电一起给你变只猫出来！'刹那间,天空中一道闪电划过,只见成千上万只小猫向她冲过来！雷公公说:'轰隆隆,这是我送给你的小猫！'"

睿琛:"一位警察叔叔用帽子装着一只黄白相间的小花猫送到了卡罗尔的家里。"

林松:"快递员叔叔拿纸箱装着一只雪白的小猫送到了奶奶家里。"

冠源:"小女孩提着一个布袋子来到了卡罗尔的家里,她拉开袋子,一只黄色的小猫从袋子里跳了出来。"

棋阑:"一只雪白的小猫站在杂技林叔叔的手指上,来到了他们家。"

子珊:"小女孩送来一只猫,只见一条纯白色的毛巾裹着一只金色短毛的小猫咪。它的眼睛紧紧地眯着,像一条线,整个身体懒懒地躺在女孩的手里。"

锦弘:"爸爸把帽子拿开,发现他们家的小懒猫正躲在帽子里呼呼睡大觉。"

翠翠:"一只蓝色的小猫正躲在窗帘里伸出头,一边对着卡罗尔做鬼脸一边喵喵喵叫。"

佳航:"妹妹在书包里发现一只肥肥的加菲猫正在偷吃糖果。"

芝荧:"妈妈走进厨房一看,看见饭桌下有一只小白猫在吃东西,它一边吃一边回头看着妈妈。"

天祥:"爸爸看见洗衣机里有一只小花猫,正在玩卡罗尔的小皮球。"

铮其:"妈妈发现门的后面藏了一只毛茸茸的小黄猫。"

智兴:"卡罗尔家的猫越来越多,整个家都塞满了小猫,成了猫的天地。爸爸准备洗澡了,脚刚踏进浴缸,只感觉脚底软软的暖暖的,感觉好像踩到毛软垫一样,喵喵喵的声音也直往耳朵里钻,搞得老爸连澡都洗不了了！妈妈要洗衣服了,她打开洗衣机盖子往里面放衣服,盖好盖子打开开关,只听见洗衣机里传来喵喵声,打开一看,小猫不知道啥时候跑到了洗衣机里去啦！"

雅文："妈妈刚要坐到沙发上,就听见喵喵的叫声,然后从沙发座垫底下钻出一只小猫,吓了妈妈一大跳。"

李瑞："爸爸早上起床,发现有两只小花猫左一只右一只趴在鞋子上,喵喵地叫。"

浩城："卡罗尔钻进被窝里,正要进入梦乡的时候,突然感到被子里有东西在动,翻开被子一看,原来是一只小黑猫。"

林松："爷爷发现小猫在窗台上玩着毛线球,一边滚着一边还喵喵地叫着。"

……

　　三年级的孩子们有着更丰富的生活经验和词汇积累,他们的想象也呈现出更为丰富的质感。陈旖旖老师教学三年级下册古诗《嫦娥》时,将课堂创造力"练一练"环节设置为小练笔。嫦娥为何事而悔,心情如何?陈老师没有做出具体指导,给孩子们自由想象与表达的空间。练笔作品各有精彩,采用第一或第三人称,想象细腻而丰富,这里选录几则:

　　我来到广寒宫,看见了一只玉兔,看见了砍树的吴刚,看见了蓝蓝的天空,看见了闪烁的星星,看见了像棉花糖一样的白云,看见了无边无际的大地……只是飞到天上来,没有朋友,只能一个人孤独地生活在天庭里。牛郎织女每年七月七日可以见一面,我连后羿一面都不能见。早知道我不要那么贪心偷吃仙丹,现在只有一只白玉兔和一个整天在砍树的吴刚,我又不敢出去见玉帝和王母,只能待在广寒宫里,真是早知今日,何必当初啊!(胡佳昊)

　　嫦娥吃了不死药后升上了天空,从此住在了月亮上。她心想:后羿会不会很伤心、很痛苦呢?会不会因为过度伤心而自杀?嫦娥心里已经后悔死了,真不应该吃不死药。到了晚上,嫦娥做了个梦,梦里后羿到天上来看她,他们两人在天上团聚,嫦娥心里感到非常满足。梦醒时,嫦娥发现这只不过是个梦,她更加伤心了。她自言自语:"我可以回到人间吗?"最后,后羿和嫦娥感动了上天,神仙把后羿封为天将,在中秋佳节时让两人重逢团圆。(黄沛怡)

如果能在广寒宫见到丈夫该多好啊,就算看一眼亲人也好啊,好想飞下去看看亲人们过得怎么样。但是我为什么飞不下去呢?我一直思念丈夫,忽然王母来到了广寒宫,她对我说:"如果你能在天山上的悬崖边摘到玫瑰花,我就让你回到你丈夫身边。"我说:"没问题!我一定会摘到的!"我爬呀爬,爬了五个小时终于爬到了悬崖边,我小心翼翼地伸手去摘玫瑰花。我终于摘到了!这时,王母对我说:"你真勇敢,从来没有一个人能这么勇敢!你可以回到你丈夫身边了。"我听了以后就飞下人间,终于见到了亲人们,从此我幸福地和丈夫、亲人们生活在一起。(李轶然)

《丑小鸭》是孩子们喜欢的童话,陈旖旖老师鼓励孩子们在阅读中提问。天鹅蛋从哪来?丑小鸭变成天鹅后要到哪去?这是孩子们在课堂上提出的两个问题。丑小鸭显然不是只鸭子,那么天鹅蛋为什么会跑到鸭妈妈那里?遇到特别感兴趣的话题,孩子们兴趣高涨,思维活跃。有的孩子说,是天鹅妈妈粗心,把蛋下在了鸭窝里;有的孩子说,是鸭妈妈好心帮天鹅妈妈孵蛋;还有的孩子说,是因为天鹅妈妈要到南方去过冬,来不及照顾小天鹅了。丑小鸭变成了美丽的天鹅,它可能会去哪里?会做些什么?陈旖旖老师让孩子们自己想象,为丑小鸭设计一个未来的故事。有的孩子说丑小鸭会去找它的天鹅妈妈,有的孩子说丑小鸭会回到鸭妈妈身边照顾鸭妈妈,有的孩子说丑小鸭成为了树林里最美的鸟类并受到了其他动物的尊重,有的孩子说丑小鸭参加选美比赛成为了大家的偶像(选秀节目的影响)。最后教师引导学生感悟:丑小鸭历经千辛万苦、重重磨难之后变成了白天鹅,说明是金子早晚会发光。面对生活中的困境,只要我们学会树立生活目标,学会自信、拼搏,我们也可以变成"白天鹅",也可以像丑小鸭一样实现心中的梦想。

这样的语文课堂,因教师的信任、引导而给予孩子们更多想象的自由。依托文本,却不囿于文本,孩子们天马行空的想象、争先恐后的发言、各具特色的练笔,让我们看到一双双闪亮的眸子里那份天真和自信。我们生怕错过孩子们的精彩,我们不愿禁锢孩子们与生俱来的诗性,我们相信在鼓励创造的语文课堂上,孩子们会因自由的想象而激活思维,会因自由的表达而体验学习的快乐。

三

曹靓老师认为自己所教的低年级孩子写童谣比"写几句连贯的话"更容易。这是个很有意思的发现! 是啊,语文教学为什么不从童谣开始呢?

我们提出了几点设想,供课题组教师讨论:依据教材中的童谣,在常态课中进行童谣教学;选定课外读本或篇目,设计主题式童谣课程;打破学科界限,开设专门的童谣与绘画课程;创建儿童诗社、诗刊,宣传、激励童谣教学与创作。在课题博客上,教师们通过"教学设计与反馈"、"创意及时报"、"教学手记"等栏目及时分享童谣进入课程教学的案例。

《荷叶圆圆》一课,曹靓老师有几个环节有效地引导孩子们打开创造性思维,进行创造性言语表达。

一是导入课时引爆联想。教师以板画的荷叶导入课题,尚未来得及添画叶脉,孩子们已经脱口而出:"荷叶! 帽子!"教师顺势引导联想:"它还可以是什么?"

"花、喇叭、雨伞……"

"还可以想象把它变得大大的!"教师顺势点拨。

"绿绿的池塘、天上飘动的云、草地、运动场、一棵大大的树、游泳池、巨人的脚印……"

"还可以把它变得——"教师手势引导,学生兴奋地说:"小小的!"

于是,"荷叶"又变成了"宝石"、"树叶"、"眼珠"、"眼泪"、"篮子"、"面包"、"影子"、"衣服"、"青蛙"……短短两三分钟,孩子们的思维极度活跃、跳跃,在小结方法时,孩子们还补充说,不但可以想象变大变小,还可想象成活的。看着他们得意地顾盼,教师开心地说:"没错,很了不起的想法! 如果你们突破颜色的束缚,可以更与众不同!"孩子们恍然大悟般大笑。

二是学文本内化语言。熟读课文后,师生合作,依据课文编童谣:"_____把荷叶当作_____,它在上面做什么?"如:"荷叶是小水珠的摇篮,小水珠躺在荷叶上,眨着亮晶晶的眼睛。""荷叶是小蜻蜓的停机坪,小蜻蜓立在荷叶上,展开透明的翅膀。"用文本中的语言材料,重组句子,内化语言,为下一步创编奠定基础。

三是运用联想创编。以一个问题引导联想:"荷叶还可以是什么? 谁,会在荷叶上做什么?"孩子们当场完成创编,如:

荷叶是小水珠的滑梯,   听青蛙老师教唱歌。(沈念成)

小水珠在荷叶上

自由地滑来滑去。(许展航)   荷叶是蚂蚁的操场,

小蚂蚁排着队

荷叶是小螃蟹的学校,   在荷叶上跑步。(刘志豪)

小螃蟹坐在荷叶上

在课堂实践的基础上,曹靓老师将语文课程中的"童谣仿创"设计与实施的要点总结为五个步骤:熟读成诵,感受儿歌内容美;发现特点,感受儿歌形式美;头脑风暴,打开学生思维;适当辅助,启迪学生仿写;自由创编,分享学生创造。由此,构成"背诵—发现—联想—模仿—创造"五个环节。

曹靓老师还设计了主题式童谣课程。每两周一节,围绕季节、自然现象、儿童生活等主题,开展"收集童谣、分类整理、专题阅读、欣赏仿创"系列活动,让学生在正确朗读、感情诵读和品赏韵律中获得语感和韵律的内在素养,在欣赏、分析和感悟中创编童谣儿歌,充分挖掘学生的创造潜能。她还在学校举办首届童谣节,创办儿童诗社和《童心》诗刊,拓宽学生作品展示的渠道,激发孩子们更大的热情和创造的潜能。

"放假了,微风们都跑出来了,帮人们吹风,帮人们吹干衣服,他们到哪里,哪里就快乐起来。"曹靓老师说,几乎难以相信,这是班里一个常常感到写话很困难的一年级小朋友在童谣比赛中的现场作品。童谣中的创意表达,让我们看到儿童的诗性光彩,以及创造的潜能。

四

教师们还以童话故事来激活孩子们的创造性思维,鼓励孩子们大胆创作。

郭晓燕老师常围绕一个词,进行思维发散练习,在想象充分打开之后,引导孩子们创编童话故事。比如"绿色"一词:"关于'绿色',你会想起哪些词?"

孩子们进行头脑风暴,联想到的内容非常丰富:花朵、树叶、草、森林、竹笋、枯叶、木板;环保、环境、一次性筷子、绿化、砍树、塑料袋、环保袋、绿色食品、工厂、饭盒、天然;绿色的水壶、绿豆蛙、绿色的黑板、绿色的粉笔、绿色的颜料、绿色的彩色笔、绿苹果、绿衣服、绿鞋子、绿色的尺子、绿色的水杯;草坪、植物园、草原;植物学家、野人、环保工作人员、学生;湖水、绿树成荫、郁郁葱葱、乱砍滥伐;颜色、翠绿、碧绿、五彩缤纷;军人的衣服、服装、书包、迷彩服;五彩雨伞、闪光灯、手机屏幕;绿豆、黑豆、黄豆、红豆;绿色家园、和平、橄榄叶、自然、春的消息、春的足迹、生机、希望;利比亚的国旗……

郭老师赞扬孩子们思维活跃,引导想象:"在一片古老的森林里,突然来了一只绿色的狼,它是一只什么样的狼,它会遇到什么情况? 展开想象的翅膀,把它编成一个有趣的童话吧!"因为没有过多的限制,孩子们能尽情想象,写得兴致勃勃!有几个孩子甚至把它编成了童话几部曲,有一个写作困难的孩子很容易就写了数百字。摘录两篇:

一只绿色的狼

以前,森林里的环境很差,到处都是灰野狼。

有一天,森林来了一只绿色的狼。灰野狼群看了看,说:"嘿! 奇怪的狼! 是不是想占领我们的土地?"绿狼笑了笑,说:"我是要告诉你们,你们住的地方环境不行,需要改进一下。"灰野狼的头儿说:"少管闲事!"绿狼说:"我是上天派下来告知你们的,你们不怕吗?"灰野狼的头儿回答道:"我才不听你的谎话!"绿狼走了几步,指着垃圾堆说:"你们能容忍这儿的臭味吗?"说完,他放出一段片子,上面有一个美丽又干净的森林,里面的狼很舒服地活着。灰野狼全被迷住了,希望自己也有一个这么美好的森林。"想拥有这个森林吗?""想!"灰野狼群齐声答道。"那就开始你们的梦想吧!"灰野狼们二话不说,立刻行动起来,有的把垃圾运到垃圾场里,有的在植树,还有的在帮森林灭害虫……

一年后,一个美丽又洁净的森林出现在眼前,灰野狼群跑过去感谢绿狼,绿狼笑了笑,消失在森林中。(翟楚坤)

森林里的绿狼

在亚马逊丛林的某一个地方,狼族正在开会。这时候突然出现了一只绿狼,这让大家吃惊不已:这只狼从哪来? 为什么在这里?

大家都没有心思开会了,都忙着问这只绿色的狼,可它沉默不语。狼族长亲自去问,他还是不回答。族长只好把它带到一个偏远的地方问他:"你叫什么名? 你到底从哪里来? 为什么在这里?"那只绿狼终于回答了,他说:"我叫杰克,生下来就是绿色的狼,大家都不喜欢我,因为我全身是绿色的,大家怕被传染上病,所以把我踢了出来。我看你们的生活多好啊! 这里的环境多好啊! 能不能让我也加入啊?"族长说:"没关系,不管是什么颜色都可加入。"杰克感激地说:"谢谢族长。"

一年年过去了,杰克长大了,变成了一只威风凛凛的绿狼。而随着时光的变迁,族长已经很老了,他要选择继承人了,大家都一致推荐莱特。为什么不推荐杰克呢? 因为杰克不是家人嘛! 杰克觉得不公平,他要求公平竞争。怎么竞争呢? 他们说要用武力,大家也同意了。一、二、三……直到三十次,杰克终于找到了莱特的弱点,给予了致命的一击,莱特输得心服口服,也情愿让杰克当族长。这时大家都大喊着:"杰克万岁!"杰克说:"谢谢大家的支持,我不会辜负大家的希望!"

就在大家生活得好好的时候,突然出现了一个猎人,他乱杀狼群。杰克看不下去了,准备去找猎人算账。这不,猎人又在追杀一只小狼。杰克扑过去把小狼推开了,没想到杰克却替小狼挨了一弹,他倒在了地上。他大喊:"保护大家!"接着它又爬起来再次向猎人扑去,这次猎人打中了杰克的头,杰克用剩余的一点力气喊道:"狼族万岁、万岁、万万岁。"说完就一命呜呼倒在了血泊之中。其他狼听到枪声全部跑了过来,莱特看到杰克死了,它眼里全是怒火,它像风一样地跳了过去,猎人吓得逃出了森林。为了纪念杰克,每逢这一天狼族就会祭拜杰克,并发誓永远与人类为敌。

这就是人类与狼的冤缘由来。(陈世霖)

罗琳老师也将生动有趣、充满幻想的童话创编作为提升儿童创造力的重要方式。她在课堂实践中摸索出童话创编三种重要形式：

读童谣写童话。童谣富有情趣，琅琅上口，读完之后教师引导学生展开联想能激发学生无限的创造力。如童谣《大自然的写字高手》介绍了大雁这位天空中的写字大师，那么，大自然还有哪些写字高手，它们将进行一场怎样精彩的比赛？孩子们兴致盎然地开始了创编。浪花、水草、蜻蜓、花瓣、飞机、焰火、落叶等都成了书法精灵，孩子们笔下的精灵们有着奇特的写字方式，让我们惊叹学生创造的魅力。

看图画编童话。图画直观形象，通过看图让学生练习写话便于学生言之有物，是低年级常用的书面语言训练方式。借助图画，有时让学生想象故事的开头，有时让学生补充故事的结尾或故事的精彩过程，是训练学生创造力的有效方式。

词语搭桥写童话。让学生通过想象，从两个或三个看似互不相干的词语中找出它们之间的联系，编成一个童话故事，这能充分激发学生的创造力。如"铅笔"、"太空人"、"月亮"这三个普通词语，在孩子们口中竟然能编出几十种不同版本的故事。

五

陈旖旎老师摸索出一套"编字谜识字"的教学方法。

"编字谜识字"，是通过编字谜让学生把握汉字的结构、笔画、笔顺特点进行识字的一种方法，是低年级学生喜闻乐见的识字方式。陈旖旎老师并不是侧重学生会不会猜字谜、能否猜对字谜，而是引导学生在此过程中仔细观察、积极动脑、学习借鉴，使学生不仅学会猜字谜，还能领悟、掌握、运用字谜创作的一般规律，激发学生爱猜、乐猜、想编的愿望，无形中培养学生的创造力。

陈旖旎老师的"编字谜识字"的主要经验有三种。

一是多种鼓励激兴趣。引导编字谜应由易到难，循序渐进，并在原有基础上继续做细致修改，让孩子们的字谜相对完善，经得起检验，并尽量让谜面更上口、入耳、合情、合理。定期评选"编字谜能手"、"猜谜小明星"，图文并茂展示字谜作品，激发孩子们的创造热情。常常有这样的情况：课堂上当一个孩子说出某个生字的字谜后，全班孩子就仿佛是约定好了不再给这个生字编字谜了，很多原本举起的小手迅速地放下，课堂变成了个别孩子展示的孤独舞台。同时，课堂时间有限，无法给予每个孩子个别发言的机会，因此可以结合四人小组合作的学习模式，让孩子们先在小组内大胆地编,充分地说,利用课余时间把字谜记录下来,汇编成集,在活动课中展示。

二是一字多法重指导。借鉴头脑风暴的模式,在限定时间内给指定的生字编字谜,看谁用的方法多,编的字谜多。孩子们运用多种方法对生字的部件进行替换、组合,对字形、字义进行联想,再反复训练,进行类推迁移,力求熟能生巧。刚开始学生经常闹谜面中出现谜底生字的笑话,在适当、适时、适度的方法指导下,孩子们逐步掌握了编字谜的方法和技巧,字谜越编越多、越编越好、越编越精,语文课堂成为师生一起"见证奇迹"的场所,教师情不自禁地为孩子们精彩的字谜作品而鼓掌。

下面列举一些孩子们编的字谜。

部件拆分法:娜——一个女人站在那(胡佳昊);暑——忍者晒太阳(曾睿)。

部件替换法:膀——月儿有榜样(彭明慧);检——树木在验血(刘瑶)。

部件增减法:垂——睡觉眼睛不见了(赖靖文);睡觉不见眼(张芝硕)。

抽象法(字义法):涛——长生不老水(张芝硕);性——心理医生(唐熙)。

联想法:狗——人类忠实的朋友(梁泽丰);膀——月字旁(梁泽丰);讶——不足挂齿(梁泽丰)。

拟人法:讶——牙齿在说话(潘晨);差——羊在工作(钱景昌)。

一字多法编字谜举例:

"促"字:一个人在走路(唐熙)、一个人踢足球(黄力帆)、人的脚(梁泽丰)、人买足球(赖靖文)、一个人有脚(刘兴鹏)、一人走路急忙忙(张婷婷)。这一组字谜综合运用了部件拆分法、字义法、部件替换法、部件组合法。

"遍"字:扁豆会走路(潘悦)、骗人走了几千公里(杨贻)、扁嘴鸭在走路(刘瑶)、骗子逃跑了(胡佳昊)。这一组字谜综合运用了部件拆分法、拟人法、部件替换法。

"孔"字:儿子的舌头是弯弯的(李轼然)、孩子左手变成了钩子(刘泽霖)。这一组字谜综合运用了部件拆分法、象形法。

复习课上，还可以整合各课生字，给形近字、形似字编字谜，如：手帮了破衣服一个大忙（"补"和"扑"）、大火对水说"饶了我吧"（"烧"和"浇"）、"青青在争两桶水"（"静"和"净"）、"嘴巴和手在交易"（"换"和"唤"）、王家的命令写在一页纸上（"领"和"玲"）等，让学生在趣味中复习巩固了所学知识。

三是课外活动广应用。以学生的名字为字谜，编入"名人字谜手册"；在"字谜创编名人堂"里拥有一席之地的孩子，可以以评委身份对其他字谜作品评判打分；创编字谜优秀或有进步的孩子，可以得到一份小礼物。开设趣味字谜擂台赛、"猜编字谜大 PK"，或利用班级 QQ 群、博客向家长展示学生的作品，鼓励家长参与孩子的编字谜活动。甚至是课余时间，孩子们都流行玩识字游戏，如："识字扑克牌"，把生字做成小小的生字卡，然后同桌间、朋友间互相像抽扑克牌一样抽生字卡，限时将抽到的生字编成字谜进行竞猜，获胜者得到"编谜能手"、"猜谜能手"的荣誉和奖励。

孩子们创编字谜的能力参差不齐，也不善于发现规律、总结方法，陈旖旖老师及时给予引导、指导。教学片断如下：

师："同学们，在老师出示的这几组字谜里，你发现有什么特点了吗？"

生："我发现这些字谜是从上下结构来编的。"

生："我发现这些字谜是从左右两个部件来编的。"

生："我发现这些字谜都是由两个独体字合在一起编的。"

师："对啊，原来编字谜可以从生字的结构、部件来入手呢。不少同学已经掌握了这个好方法。我们请同学来说说他们都是怎么做的。"

生（梁泽丰）："第一步，先读准生字的字音；第二步，看看生字的结构；第三步，拆分生字的各个部分；第四步，把各部分编进字谜。"

师："梁泽丰，你能举例说明吗？"

生（梁泽丰）："比如这个'岩石'的'岩'字，它是一个上下结构的字，由山字和石字组成，编字谜的时候要说清楚结构和组成的部分。'山下有块石头'，说明'山在上，石在下'，如果反过来说成'山上有块石头'就不好了。"

师："梁泽丰用自己编出的字谜向我们介绍了他的好方法,真是一个善于发现和总结的编谜小能手。"

生(吴承羲):"一,看一看;二,读一读;三,想一想;四,编一编;五,改一改。"

师："吴承羲,你这一、二、三、四、五的说得一套一套的,能具体说说吗?"

生(吴承羲):"就像刚才梁泽丰说得那个'岩'字,要看了、读了才能去想一想,觉得不太通顺或是有错别字的就要修改一下。"

师："吴承羲不仅能编出好的字谜,还能对自己提出更高的要求,就是要学会修改字谜,让自己的字谜编得更精彩。我建议我们以掌声表示对他的赞扬!"

师："同学们,刚才通过你们的观察和两位同学的方法介绍,我们知道了编字谜的一个好方法,那就是部件拆分法,这种方法是将汉字部件(或偏旁)合成、分离,再加以分析,组成一个浅显易懂的谜题。利用这种方法,不仅容易创作字谜,还能很好地帮助我们牢记字形。"

在陈旖旎老师的引导下,孩子们编出的优秀字谜举不胜举。诸如"异"字——导头弃尾,与众不同(梁泽丰);"秦"字——春不暖,秋不热;"悄"字——消除水患万心安(钱景昌);"村"字——鼠目(木)寸光(吴承羲);"杨"字——村前场后(叶昱言);"强"字——身旁一把弓,张口吃大虫(梁泽丰);"袋"字——大肚哥哥没骨头,有时胖来有时瘦,空着肚子站不住,吃饱让人扛着走(彭明慧);"肤"字——二人合力冲破天,邀请明月来相伴(曹绵殷)……学生在熟练掌握简单的部件拆分、部件组合、部件替换等方法的基础上,已经开始尝试较为复杂和有难度的字义法、谐音法、歌诀法。尽管其中有部分可能来自孩子们在各类字典、参考书上的摘抄,但也是一种有意义的尝试。"编字谜识字"的重要意义在于鼓励孩子们大胆创新、异想天开,使孩子们的思维始终处于积极求异的状态,每个孩子不仅掌握了生字,提高了识字效率,还能参与到语言学习的创造性实践中,体验成功的快乐。

六

2011 年,有三所学校的语文教师在副校长或主任的带领下参与我们的"通过言语表达训练提升中低年级小学生创造力的研究",不久,香洲区曹靓语文工作室的 26 位语文教师在曹靓老师的带领下整体参与进来。经过持续的实践探索与交流,工作室的教师们分享了许多成长感悟。

刘明红老师:"参与课题以来,庆幸有许多优秀的课例让我学习借鉴并运用到自己的课堂中来。每次看到孩子们眼睛里智慧的光芒,想要表达的渴求,我的内心总是充盈着无比的欣喜。我和他们一起在充满想象和创意的世界里感受着美好,编织着美好。参与是幸运的,成长是快乐的。和童心一起成长,和想象一同飞翔,我前进并快乐着。"

张明华老师:"连续教了十年小学高段后,我来到了一年级。如何教好一年级的小屁孩,我心里实在没底。当我以特邀学员的身份加入曹靓语文工作室,这无疑是一针强心剂,让我满心欢喜。工作室提出在课堂上进行创造性思维训练的要求,让我觉得一切都那么新鲜,那么好玩。开课前一分钟的'玩一玩'好比开胃菜,瞬间吸引所有小朋友的注意力;课堂中结合课文内容设计的思维训练点,就像河面上泛起的朵朵浪花,让课堂充满活力与笑声。不光孩子们,就连我,也觉得这样的语文课真好玩!"

王献莹老师:"参与课题研究以来,我那颗童心又被重新点燃了。有位同事经过我的课堂,课后她告诉我:'我觉得你现在很享受你的课堂。'是啊,'问渠哪得清如许,为有源头活水来',因为有了'创造'这一活水,我的课堂充满了快乐。"

蔡梅青老师:"我最大的收获在于明白语文教育如何培养儿童的创造力,体会到教师对学生生命成长的使命感与责任感。有了这种情怀,对于不习惯思考,或创意想法比较贫乏的学生,我会设计'联想的游戏',先唤醒他的联想力,而在一次次的练习中,你一定会发现孩子的反应会越来越棒,答案也越来越精彩。当学生面对着众多的词语表现出烦躁与无奈时,我会设计'埋地雷'、'抽卡片'、'转转盘'等游戏,让学生在游戏中记住词语,在游戏中快乐地学习,在游戏中培养自己的创造力……我想,当教育有了这种责任和情怀,教育的春天将永远山花烂漫。"

陈旖旎老师:"参与创造力课题的研究,看着孩子们通过自己的创造编出简短、形象的字谜,享受成功的喜悦,感觉孩子们对语文学习的兴趣越来越浓厚。我愿用我的真心呵护孩子们的童心,让他们插上想象力的翅膀,在无限精彩的天堂里自由飞翔。"

阳丽老师:"回想孩子们课堂上踊跃举起的小手,争先恐后'我来! 我来!'的喊声,再打开一学期的教学手记,我不由得感慨:虽忙但有收获! 孩子们充满童趣的创造表现滋养了我的教学,照亮了我的语文课堂,原来语文课还可以这样上——趣味、活跃、充满生机! 我愿用更多的热情,打破常规教学,用心创设适合孩子们的活动,让他们拥有更强的创造意识和创造能力。"

任雨珊老师:"我曾一直为高年级学生的句子仿写而头疼,在工作室的第一次培训会议上,我被二年级小朋友的句子给美晕了——'风来了,风把小朋友的头发吹起来了,风在和头发赛跑呢!'我将那些美妙的句子读给了六年级的孩子们听,同时也把自己的憧憬带给了他们——让我们的思维飞得远一点,高一点。短短一个学期,我不再抱怨孩子们启而不发,而用词语联想活动训练思维,用童谣创编活动让他们去观察、摸索文字表达的技巧。创造力课题打开一扇窗让我看到想象的美妙,我则希望能打开孩子们的心窗看到强大的创造力。"

彭馨仪老师:"这项研究让我以一个相对特别的身份(一个高年级老师)管窥低年级特别的课堂——在该课题理念和理论支持下的语文课堂。仍然是读书、识字、赏句和品词,仍然是听、说、读、写、诵,可是课前的一分钟脑力激荡创意游戏,课中老师对教材的创意整合,对言语训练的创意设计,课后独具匠心的创意作业,无一不是根植于语文而又让语文学习灵动鲜活。因为创造性地学,孩子们兴味盎然地感受多彩的语文世界;因为创造性地教,老师们看孩子高举的小手,听孩子清脆的童音,赏孩子令人陶醉和惊喜的言语表达。"

第三节　言语的创造力可测吗

> 因为一些错误的想法而犯错，
> 总比由于没有什么想法而保持永远正确要好。

一

创造需要勇气。创造的过程总伴随着冒险。年幼的孩子们，可能这种敢于冒险的勇气要胜过我们很多，因为他们还没有意识到其他人可能会对他们的所言所行持批评态度。在学校的课堂上，教师们始终都在评价孩子们的表现，我希望我们所有教师的评价都能避免一个状况——令创造变得让人望而生畏，没人敢去尝试了。因为创造力是那样的脆弱，创作的渴望与冲动很容易受损，这对我们教师构成一个挑战。

参与课题的教师们普遍提出一个问题：怎样判定哪个孩子的言语表达更富有创造力呢？是一味地夸奖学生很棒很优秀，还是有办法对无数发散的答案作出更准确的评价呢？孤立地比较两种创造性活动通常是没有多大意义的，评判者特有的好恶和想法并不是套用什么公式而得来的。谁敢断言，《将进酒》就一定比《长恨歌》更好？"无边落木萧萧下，不尽长江滚滚来"就一定比"落霞与孤鹜齐飞，秋水共长天一色"更出色？所以，在儿童言语创造力的评估方面，首先要考虑的是评估的目的是什么。如果我们的目的是提高每一个孩子的创造力水平，就一定要避免以一个学生去比较另一个学生的情况，一切评估都不应损害师生的积极性和自尊心。

在此前提下，我们鼓励教师对创造性思维本身有更多的认识和了解，以促进课堂教学朝着更利于呵护培养创造力的方向发展。美国心理学会主席吉尔福特甚至认为：发散思维的测量，实质上就是创造能力的测量。我们参考国内外同类测试，以创造思维的流畅性、变通性与独特性三个维度的综合水平，来评估创造力水平的高低。其中，流畅性是初层次的，变通性是较高层次，独特性是最高层次的。

思维的流畅性，体现思维量的特征，是针对产生多少个观念而言，是所有答案个数的总和。思维的流畅性主要依赖于贮存的信息量。

思维的变通性,是思路的转向与变换,是不同分类或不同方式的所有答案类别的总和。

思维的独特性,是指想出别人所想不到的事物,是独一无二的,它常常突破常规与经验的束缚。

以上三个维度中,变通性是发散思维的关键因素。首先,变通是高度流畅的条件。如果思维先沿一个方向或同一类别进行,将会形成定式,其数量必然是有限的,只有迅速变换至其他方向或其他类型进行发散,才能使高度流畅成为可能。其次,变通是高度独特的条件。一般地说,思维在开始之初,在记忆中提取的是常识范围内的知识经验,所以,开始时是沿常规方向进行的,通过不断换向,反复变通,才能找到新的方向,产生更多新颖独特的结果。

创造性思维在上述三个维度中,以流畅性为基础,以变通性为关键,以独特性为核心。语文教学中,可以观察到创造性思维这三个维度的表现吗?当然可以。这里举一个课堂教学的例子。

曹靓老师在《小小竹排画中游》一课中,对"两岸树木密"的"密"字进行教学。她在黑板上作简笔画,画了一棵树、两棵树、很多树,在令孩子们获得"密"的形象直观理解后,问:"除了树木密,你还见过什么是很密的?"引导学生在理解字义的基础上联系生活展开联想。孩子们说出"小草密"、"花儿密"、"树叶密"。教师问:"还有不同的吗?"孩子们又说"雨点密"、"黑云密",教师予以肯定,并继续问:"还有更特别的吗?"孩子们又相继说出"头发密"、"玉米粒密"、"书上的字密"、"路上的脚印密"、"城里的房子密"。从这样多角度发散联想的言语表达中,我们能清晰地看到学生的思维是如何被教师引向流畅、变通与独特的。

通过这样的例子,教师们容易理解创造性思维的三个不同维度在言语表达中的表现。由此,我们确认了教师引导语言的三个层次:

首先,是初步引向发散:还有别的吗?(引导思维的流畅性)

其次,是进一步引向发散:还有不同种类的吗?(引导思维的变通性)

再次,是刻意引向独特:还有更特别的吗?有与众不同的吗?(引导思维的独特性)

通常予以这三个层次的引导提问,孩子们会以积极而自由的态度大胆进行联想,在教师的信任、鼓励、期待下,孩子们会呈现许多富有创造性的表达。

二

王萍老师在查阅资料等一系列准备后,在她所任教的三年级组织了一次言语创造力的测试。

测试对象:选取三年级两个班作为调查对象,共计发放问卷 118 份,100％回收。其中男生 66 人、女生 52 人,年龄为 8—10 岁。

测试方法:开放式题型问卷(限时完成)。

施测过程:测试分别在两间安静的课室进行,每间教室由一名教师指导。在测试开始前,教师宣读指导语,让学生明确这区别于平时的标准化测试卷,答案要求越多越好,越新颖、越独特越好。时间总计 40 分钟,每个小题限时完成,开始进行测试并计时,等限定时间一到,进入下一题测试。

测试内容:借鉴国内外相关测试的题型,结合中国传统文化背景,全部采用中文材料,整套测试要求被试者在规定时间内对题目的答案发散得越多越好,相对无限制,共有五道题目。

王萍老师的测试问卷如下:

指导语:

同学们,你们好!

今天,我们来做一些有趣的智力题目,这些题目与我们平时的试卷有点不一样,不是只要你写一个答案,你的想法越多越好,答案要求越多越好,越新颖、越有趣越好。你是怎么想的,尽管写出来! 只要你能积极开动脑筋,相信你一定会有很多巧妙的解答!(以下的题目,答案越多越好)

1. 下面的图形像什么? (10 分钟)

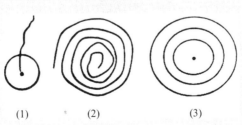

(1)　　　　(2)　　　　　　(3)

2. 请同学们说出与"火"有关的事物与景象。(5分钟)

3. 看到"甜蜜"二字,请同学们联想与这个词有关的词语。(5分钟)

4. 试试能否将商场里的任意两种产品构成一种新事物。(10分钟)

5. 花儿为什么会开?(10分钟)

计分方法:

要求对每道题目答案计算思维的流畅性、变通性、独特性的得分。

流畅性:每回答一个答案得1分,分数越高,流畅性越好。整套题目答案的总数,即被试者在流畅性上的得分。每道题目的答案大于四个以上算优秀,二到四个为合格,其次为待提高。由此可知道流畅性水平的高低。

变通性:每回答一个类型得1分,每道题目类型大于四个以上算优秀,二到四个为合格,其次为待提高。可以统计出学生变通水平的等次。

独特性:独特性得分由选择该答案的人数占总人数的百分比来决定。小于5%,得3分,优秀;若该比例在5%—10%之间,得2分,合格;若该比例在10%以上,得1分,待提高。

王萍老师和同事们一起进行了测试评估。其结果显示:在三个思维评价维度上,学生的流畅性水平,名列第一,优势最为突出,变通性水平居中,独特性水平相对较差;流畅性的优势是独特性的三倍以上。在课题研究会议上,王萍老师说:"出现这样的调查结果,作为一线教师,并不感到意外,在过分崇尚标准化答案的教条式教学中,教师完全掌控学生的思维,为了得到教师自认的标准答案,教师总是在设定的标准线上穷追猛挖,学生就会形成线性思维定式,扼杀了孩子的创造力。"

教师们更关注的是,如何改进作为创造力核心关键的变通性、独特性所表现出来的不足呢?

一是要打破只求标准答案的思维定式,鼓励学生多角度、多维度、多向度思考问题。在语文课堂上,我们不能只求标准答案。当学生思维流畅性较好,但若只在同一类型上行进时,就容易形成线性定式,教师应及时让学生的思维反复变换类型,找到新的发散方向,及时给予多角度、多维度、多向度上的评价引导,让学生的思维更具变通性、灵活性,从而培养学生的创造力。

二是建议大家将创造性小游戏融入常规课堂教学,让创造成为一种习惯。我们鼓励教师将"玩一玩"、"练一练"的言语创造小游戏融入每一天、每一节的语文课,营造平等、自由、轻松、幽默、积极、乐观的课堂氛围,让大胆的、特别的创造性表达和行为成为一种新的课堂文化,让创造成为师生共同追求的学习目标。

三

对测试评估的"迷信",让我们一直没有放弃组织一次以多所学校学生为样本的创造性思维测试。随着心理学硕士李华老师的加盟,我们终于下决心来付诸行动。我们查找了很多资料,由李华老师负责编制了《语文创造性思维测试(A卷)》《语文创造性思维测试(B卷)》,分别用于二、三年级学生的语文创造性思维测试。

语文创造性思维测验（A卷）

得分统计:

发散思维	流畅性	变通性	独特性	发散思维得分总计	
一	A1	B1	C1	原始分	T1 分
二	A2	B2	C2		
三	A3	B3	C3		
四	A4	B4	C4		
聚合思维	概括性	逻辑性	—	聚合思维得分总计	
五	D			原始分	T2 分
六		E			
创造性思维得分(T 分＝T1 分＋T2 分)					

姓名:_____　　性别:_____　　班级:_____　　年龄:_____

引导语：

同学,你好！这套语文创造性思维测验是用来测验你的创造思维的,希望你保持轻松愉快的心情,以尽可能快的速度来完成测验。整个测验希望你在**一节课内做完**。并且**每一道题都要求在规定的时间内完成,不可以提前作答**(到时间老师会提醒的),请你不要放弃每道题的作答机会,也不要提前交卷,因为你多想一想还会得出更多更好的答案。**不会写的字可以用拼音代替。**

一、 词语联想（5分钟）

由"温暖"这个词,你会想到另外哪些词语？

1. _____ 2. _____ 3. _____ 4. _____ 5. _____

6. _____ 7. _____ 8. _____ 9. _____ 10. _____

二、 不寻常用途(10分钟)

给你一个普通的矿泉水瓶,请你写出你能想到的有趣的、不寻常的用途,想法越多、越新奇越好。

1. _____ 2. _____

3. _____ 4. _____

5. _____ 6. _____

7. _____ 8. _____

9. _____ 10. _____

三、 补充作画（6分钟）

请你以每个三角形为基础,添补出各种不同的东西来！不要求画得十分仔细、十分好,但要求别人一看就明白你画的是什么(不能用文字说明)。画的东西越多、越独特越好,如果画不完,剩下的三角形不补画也可以。

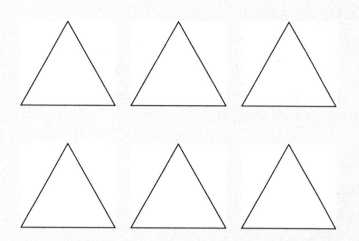

四、奇思妙想（10分钟）

假设云彩上系着许多绳子，悬到了地面。运用你的想象力，想象这将会发生什么情况？请列出你的想法和猜测。想法越多、越新奇越好。

1. ＿＿＿＿＿＿＿＿＿＿　　2. ＿＿＿＿＿＿＿＿＿＿

3. ＿＿＿＿＿＿＿＿＿＿　　4. ＿＿＿＿＿＿＿＿＿＿

5. ＿＿＿＿＿＿＿＿＿＿　　6. ＿＿＿＿＿＿＿＿＿＿

7. ＿＿＿＿＿＿＿＿＿＿　　8. ＿＿＿＿＿＿＿＿＿＿

9. ＿＿＿＿＿＿＿＿＿＿　　10. ＿＿＿＿＿＿＿＿＿

五、遥远联想（3分钟）

请你从 A、B、C、D 四个选项中找出与前面三个词语都有联系的一个词语，并说明理由。

花露水、荷花、西瓜　选项：A. 春天　B. 夏天　C. 秋天　D. 冬天

答案：＿＿＿＿＿，理由：＿＿＿＿＿＿＿＿＿＿＿＿＿＿＿＿。

六、事件排序（2分钟）

（　　）爸爸说："你不是学过音序查字的方法吗？试试看！"

（　　）当我写到"鸭子 gā gā 叫"时"gā"字难住了我。

（　　）我用音序查字法，很快在字典里找到了"嘎嘎"这个词。

（　　）晚上，我在家里写日记。

（　　）我去问爸爸，"gā"字怎么写。

评分规则：

★ 流畅性的分数是被试者给出的有效答案的数量，每个有效答案计
　 1分。

★ 变通性的分数是被试者给出的有效答案可以归属为某一类的类
　 别数，每个类别计2分。

★ 独特性的分数是被试者给出的有效答案在样本中所有被试答案
　 中出现的频率，3%或以上独特性水平为0分，1%到2.99%的独
　 特性水平为3分，低于0.99%的独特性水平为6分。

★ 最后被试者得到的发散思维的分数为以上三个分数之和。

★ 聚合思维的题目都有唯一答案，其中"遥远联想"考查的是概括
　 性，选项答对得1分，理由合理得1分。排序题考查的是逻辑性，
　 完全正确得2分，否则得0分。

★ 聚合思维的分数为概括性分数和逻辑性分数之和。

★ 由于发散思维和聚合思维的计分方法不同，所以我们把两个分量
　 表的分数先转化为 T_1 分数和 T_2 分数，然后再相加得到创造性
　 思维得分。

语文创造性思维测验（B 卷）

得分统计：

发散思维	流畅性	变通性	独特性	发散思维得分总计	
一	A1	B1	C1	原始分	T1 分
二	A2	B2	C2		
三	A3	B3	C3		
四	A4	B4	C4		
聚合思维	概括性	逻辑性	—	聚合思维得分总计	
五	D	—	—	原始分	T2 分
六	—	E	—		
创造性思维得分（T 分＝T1 分＋T2 分）					

姓名：_____ 性别：_____ 班级：_____ 年龄：_____

引导语：

同学,你好! 这套语文创造性思维测验是用来测验你的创造思维的,希望你保持轻松愉快的心情,以尽可能快的速度来完成测验。整个测验希望你在**一节课内做完**。并且**每一道题都要求在规定的时间内完成,不可以提前作答**（到时间老师会提醒的）,请你不要放弃每道题的作答机会,也不要提前交卷,因为你多想一想还会得出更多更好的答案。**不会写的字可以用拼音代替。**

一、词语联想（5分钟）

由"温暖"这个词,你会想到另外哪些词语?

1. _____ 2. _____ 3. _____ 4. _____ 5. _____

6. _____ 7. _____ 8. _____ 9. _____ 10. _____

二、不寻常用途（10分钟）

给你一个普通的矿泉水瓶,请你写出你能想到的有趣的、不寻常的用途,想法越多、越新奇越好。

1. ＿＿＿＿＿＿＿＿ 2. ＿＿＿＿＿＿＿＿

3. ＿＿＿＿＿＿＿＿ 4. ＿＿＿＿＿＿＿＿

5. ＿＿＿＿＿＿＿＿ 6. ＿＿＿＿＿＿＿＿

7. ＿＿＿＿＿＿＿＿ 8. ＿＿＿＿＿＿＿＿

9. ＿＿＿＿＿＿＿＿ 10. ＿＿＿＿＿＿＿＿

三、补充作画（6分钟）

请你以每个三角形为基础,添补出各种不同的东西来! 不要求画得十分仔细、十分好,但要求别人一看就明白你画的是什么(不能用文字说明)。画的东西越多、越独特越好,如果画不完,剩下的三角形不补画也可以。

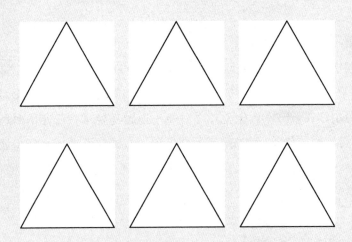

四、奇思妙想（10分钟）

假设云彩上系着许多绳子,悬到了地面。运用你的想象力,想象这将会发生什么情况? 请列出你的想法和猜测。想法越多、越新奇越好。

1. _____ 2. _____

3. _____ 4. _____

5. _____ 6. _____

7. _____ 8. _____

9. _____ 10. _____

五、遥远联想（3分钟）

请你从 A、B、C、D 四个选项中找出与前面三个词语都有联系的一个词语，并说明理由。

花露水、荷花、西瓜　选项：A. 春天　B. 夏天　C. 秋天
D. 冬天

答案：_____，理由：_____。

六、事件排序（2分钟）

（　　）他让一束阳光从窗户上的小孔射进来。

（　　）于是他断定，明亮的阳光并不是单色光，而是由七种颜色组成的。

（　　）1665年的一天，英国大科学家牛顿在一间暗室里做实验。

（　　）牛顿又做了许多次试验，出现的都是这种情景。

（　　）当光束从一块玻璃制的三棱镜上通过时，这束光折射在墙上，映出了一条美丽的七色光带，依次是红、橙、黄、绿、青、蓝、紫七种颜色，同天上的彩虹完全一样。

评分规则：

★ 流畅性的分数是被试者给出的有效答案的数量，每个有效答案计1分。

★ 变通性的分数是被试者给出的有效答案可以归属为某一类的类别数，每个类别计2分。

★ 独特性的分数是被试者给出的有效答案在样本中所有被试答案中出现的频率,3％或以上独特性水平为 0 分,1％到 2.99％的独特性水平为 3 分,低于 0.99％的独特性水平为 6 分。

★ 最后被试者得到的发散思维的分数为以上三个分数之和。

★ 聚合思维的题目都有唯一答案,其中"遥远联想"考查的是概括性,选项答对得 1 分,理由合理得 1 分。排序题考查逻辑性,完全正确得 2 分,否则得 0 分。

★ 聚合思维的分数为概括性分数和逻辑性分数之和。

★ 由于发散思维和聚合思维的计分方法不同,所以我们把两个分量表的分数先转化为 T1 分数和 T2 分数,然后再相加得到创造性思维得分。

四

我们于 2013 年 6 月选择参与课题实验的区实验学校、杨匏安纪念学校,以及没有参与课题的十二小,以此三所学校的二、三年级学生为对象,进行语文创造性思维测试。

李华老师提交的《杨匏安学校、实验学校、十二小三所学校的语文创造性测验数据分析报告》显示,这三所学校被测学生语文创造性思维测验得分没有显著差异,她采用方差分析法,发现杨匏安纪念学校的流畅性、变通性的得分和实验学校的流畅性、变通性的得分没有显著差异,但都显著高于十二小的流畅性、变通性得分;十二小的独特性得分和实验学校的独特性得分没有显著差异,但都显著高于杨匏安纪念学校的独特性得分。而杨匏安纪念学校二年级两个班级的测试结果显示,实验班与非实验班创造性思维分数 T 有显著差异,其中发散性思维得分实验班高于对比班,聚合性思维得分则没有统计水平上的显著差异。

课题组教师从分析报告中得出了两点结论:一是我们所做的所有努力,确实有效促进了学生创造性思维的发展,尤其表现在思维的流畅与变通方面,但在更高级的独特性方面仍然不足;二是我们的教学有效促进了思维的发散,在思维的聚合方面则表现一般。

五

很难说我们大费周折所做的创造力测试有足够的效度,在创造力研究的历史上,各种创造力测试都招致众多批评。对我们这些普通的语文教师而言,这似乎已经不是很重要,测试更重要的意义在于帮助我们进一步了解创造的核心,即创造性思维,我们从中更确信语文教学呵护和提升儿童创造力的理念和方法。

哈佛大学的托尼·瓦格纳教授认为:创造力是与生俱来的。为什么一个四岁的孩子每天有 100 多个问题? 为什么随着教育年限的增长,问题越来越少? 清华大学经济管理学院钱颖一院长认为:创造性也许不是教出来的,错误的教育理念和方法可以把原始的创造性扼杀或者毁灭。我的看法是,创造力既是与生俱来的,也是可以通过后天的培养加以提升的。作为语文教育工作者,我认为小学语文的学习是能够提升儿童创造力的,而提升创造力、培养有创造力的人,是小学语文学科教学的应有目标,也是语文的本色要素之一。当我们一遍遍重温陶行知的创造宣言时,我们不能把创造教育排除在小学语文教育之外。

两年前,我接触到一个公众号"审辩式思维",后来在北京很巧地见到了公众号的主人谢小庆教授。我问他审辩式思维跟批判性思维有什么不同,他说都是根据英文 critical thinking 翻译而来,只是他更想强调其逻辑理性,而非对抗性。他提到做这个公众号,是想回答钱学森之问:"为什么我们的学校总是培养不出杰出人才?"原因在于我国教育的"短板"——不注意发展学生的审辩式思维。他退休后致力于发展青少年的审辩式思维,促进青少年创造力的发展。我一方面感动于谢教授亲自运营公众号,并对我这样陌生的读者有问必答,一方面也很兴奋,因为几年前我们创造力课题组在创造性思维的研究中对批判性思维——或者说审辩式思维——关注不够,谢教授的研究给了我很大的启发。很巧,那几天在北京十一学校,我见到了美国来的黄全愈教授,他在创新教育的报告里举了一个例子,据说,胡适在美国时到一所小学旁听,看到小学生们跟着教师反复背诵誓词:我保证使用我的批评才能,我保证发展我的独立思想,我保证接受教育,从而使自己能够自作判断。据说是美国总统《独立宣言》的起草人托马斯·杰斐逊为学生写的。

我们姑且不去考证是否如此,但这几句誓言真的很有力量。

因此,我也产生了这样的思考:我们培养有创造力的人,就要着力培养学生的创造性思维,而创造性思维有三个基本元素,好奇心、想象力、审辩式思维,如果没有这三个元素,就算你学会了人类的全部知识,你也不可能是有创造力的人。我们的课题组在中低年级更突出地保护儿童的好奇心、想象力,那么在高年级则不能忽视审辩式思维的培养,甚至应该在中低年级就同步地予以重视,在教学设计中加以落实。除了好奇与想象,还要有质疑,不懈地质疑,双向质疑,用分析性、创造性、建设性的方式对疑问和挑战提出新解释,做出新判断。我们在小学语文教育中培养儿童的好奇心、想象力以及批判精神、审辩思维,也就为培养儿童的创造力奠定了重要基础。

第四章

跨学科的童谣绘画

　　儿童的诗性智慧在语言中，也在绘画中。"大师摇篮"荡起来——这是一门培养儿童诗性智慧的童谣绘画课程。一首童谣一幅画，从创造性思维游戏开始，引出创造的方法，人人都有创意的火花。轻松、幽默的创意课堂，纯真、诗意的童谣与绘画，使儿童的创造力在思维发展的关键年龄阶段得到充分的培育和发展。

第一节　画滴眼泪流下来

那天我哭了,天空变得很蓝很蓝的……

——陈鹏

一

北京陈鹏老师于 20 年前构建"大师摇篮"课程,旨在通过童谣和绘画的欣赏与创作,培养发展少年儿童的诗性智慧和创造素质。在长达十几年的时间里,我通过小学语文课堂将"大师摇篮"带给海口、珠海等地的孩子,在实践中与陈鹏老师有许多讨论,也有许多建议,我们共同努力让这套课程在实践中完善,并产生影响力。

"大师摇篮"课程相信每个儿童都有强烈的诗性创作表达的意愿,通过若干思维训练方法和创意提示,引导儿童完成一系列童谣与图形绘画的创作,希冀儿童经由这样的练习在学习能力、专注力、观察力、表达力、思维水平和创新才能等方面,都得到可喜的提高。

近年,我以小学二、三、四年级儿童为对象亲自实施这套课程,有时也邀请美术学科教师参与讨论,也尝试过由美术教师协同教学。在课程内容的组织方面,以 10 个主题予以呈现,但实际教学中随时进行调整和改变:

主题一	画滴眼泪流下来	主题六	画个风儿来吹吹
主题二	画个汉字来还原	主题七	画个影子跟我走
主题三	画个梦境好奇怪	主题八	画个时间在飞跑
主题四	画颗糖果尝一尝	主题九	画双翅膀飞起来
主题五	画个声音来听听	主题十	画个我和大自然

每个主题可以设置一个或者多个教学内容。以主题一为例,围绕"画滴眼泪流下来",可以设置三课内容:第 1 课"那天我哭了";第 2 课"云娃娃哭了";第 3 课

"忧伤的白桦树"。每一课的编排分为五个部分：导语、童谣例作、绘画例作、方法揭秘、创意提示。

限于本书篇幅，本章仅呈现前三个主题中部分课例的教学情况与学生作品。

二

"大师摇篮"童谣绘画课程内容如何呈现，如何实施课堂教学？

以主题一"画滴眼泪流下来"为例，本主题第一课教学内容如下：

课题：那天我哭了

导　语

画一颗泪滴。你觉得它像什么？你流泪时会想些什么？如果泪水太多了，会怎么样呢？

童谣例作

那天我哭了，
　　小花开了；
那天我哭了，
　　小鸟不渴了；
那天我哭了，
　　小船扬帆远航了；
那天我哭了，
　　天空变得很蓝很蓝的；
那天我哭了
　　……

童谣作者：陈鹏

绘画例作

绘画作者：刘倩

方法揭秘

联想＋夸大

自由地联想，自由地夸大。把很小、很少，夸张成很大、很多，夸大到自己认为很美、很有趣的程度。

创意提示

泪水太多了，会发生什么呢？

- 泪水太多了，把衣服都洗了；
- 泪水像花果山水帘洞的瀑布一样；
- 泪水聚集而成的游泳池；
- 天池的传说——美丽的天使，伤心的泪；
- 一个特别的森林消防员，竟然用泪水来灭火……

这一课需 2 课时完成，主要教学环节如下：

游戏入课

游戏："词语接龙"，允许谐音；"颠倒说词语"，如"蛋糕"说成"糕蛋"。

小结："我们的课就是要好玩、有趣！平时不敢想的，在这里敢想；不敢说的，在这里可以大胆说出来。"

想象练习

教师作简笔画，画一个水滴的形状图。

头脑风暴：它是什么？

提示：很好！还有不同的吗？

再提示：都不错。还有更特别的吗？

再次小结：敢于自由想，敢于自由说！

欣赏画作

静静欣赏，想一想：你看到了什么？你喜欢它的什么？

小组讨论：每个人看到了什么？你喜欢它的什么？

模拟采访：请问作者，你画这幅画的时候，是想到眼泪里面有什么？你为什么画了花？为什么画了鸟？为什么画了小船？为什么把整个画面的背景都画上了这么蓝这么蓝的颜色？

揭示方法

● 自由——从动植物想到广阔的大自然、整个世界。

● 夸大——把小小的想成大大的，把少少的想成多多的。

欣赏童谣

自由读。师生合作读。男女生合作读。

说说：你觉得这首童谣有哪些可爱的地方？

小结：大胆想象、丰富联想、排比、押韵。

创作挑战

自由想象：静静地独立思考——泪水太多了，会发生什么呢？

同桌分享：说说你的创意想法。

全班分享：很好！还有不同的吗？……还有更特别的吗？……

创造挑战：一幅画、一首童谣、署名和日期。

明确要求：绘画——满；艳；美（点线面装饰）。

童谣——联想；想象；排比；朗朗上口。

自由创作：用油画棒和水彩笔来创作。

三

十二年前的教学手记《我的课，从"一滴泪"开始》：

每次，我都提前十几分钟来到教室。插上电源，打开多媒体教学平台，看屏幕缓缓降下，切换投影。当投影照射到大屏时，总会看到这样的情景：课间,孩子们总会兴致盎然地凑到大屏前,在投影的光中玩起手影游戏,乐此不疲。我耐不住,也加入其中。两手交叉,大拇指相勾,手掌向着对侧扇动,巧妙地变换手的角度。小家伙们大叫:"鸟!""大雁!""海鸥!"……瞬间,童年夜晚跟父亲坐在床上对着白纸糊的墙壁玩手影的情景恍若重现。一边捡拾回忆,一边变换了手势,右手握左手,将两个拇指微微翘动。"狗!""哈,是狗狗!"……小家伙们一拥而上,一双双小手都凑上来,横比竖划,叽叽喳喳,把我的"大雁"和"狗狗"淹没在一片手影之中。

一起玩上一通,让我对即将开始的课充满期待和信心。

事实上,每一节童谣与绘画课都不会令你失望。孩子们永远在给你带来惊讶、惊奇、惊喜,还有感动。

第一堂童谣与绘画课,在二(4)班。我的课,从"一滴泪"开始。

我用白色粉笔在黑板上随手勾勒了一滴垂落的泪。

"这是什么?"

——茄子、丝瓜、黄瓜、葫芦瓜、南瓜……

"很好。有没有不一样的想法?"

——汤匙、水勺、蚕豆、豌豆……

"很棒,能从不同的角度去想象。还有吗?"

——划船用的桨、鸡的嗉囊、巨人的脚印……

我已记不得,对于我设定的这滴泪,孩子们提供了多少种奇妙的想象与诠释。当时,坐在后排的蔡老师、唐老师、石老师她们几位的脸上都显出欣喜甚至是惊喜的表情,一个个在听课本上运笔如飞,估计是在记录孩子们的美妙发言。下课后看她们的记录本,果然如此。我还记得,没有一个孩子说我在黑板上画的是泪滴,这让我印象很深,以至于我到二(5)班上这堂课时,在孩子们对我画的泪滴做了丰富的想象后,终于忍不住在泪滴上方添了一只眼睛,在泪滴下方添了一张唇,然后让孩子们再看看,像什么。呵呵,有一个孩子说那是一滴泪,但更多的孩子赶紧就去寻找不同的方向,把那滴泪以及所谓的眼和唇都想象成更丰富更有趣的事物,甚至还编上了有趣的故事情节。

我画的，究竟是不是一滴泪？这很重要吗？不。看一看孩子们课堂上闪闪发亮的眸子，看一看孩子们高高举起挥动的小手，看一看他们清澈灵动的童心里开出的诗性的花朵——这一切，不才是最重要的吗？这，不就是我们孜孜以求的儿童的诗性智慧吗？

手记所载，是我在海口市第二十六小学实施童谣绘画课程之情景。十年后的今天，无论我在珠海的城区小学，还是走进粤西北的乡镇小学，此童谣与绘画课程从未令人失望。因为儿童的诗性智慧是普遍共有的，也是超越地域和时空的。

经过在多所学校的实践，我形成了"大师摇篮"童谣绘画课程教学步骤：

欣赏阶段。导语引入，设置情境，诵读童谣，欣赏和玩味相关画例。教师提示孩子注意创意和创作方法。

创意阶段。头脑风暴，分享创意，将创意写成一首童谣，画成一幅画。教师认真倾听并及时鼓励孩子的想法是很重要的，对其有趣的想法（不合理没有关系，因为异想天开正是创造的一大特点）大力肯定，并鼓励孩子立刻写下来或画出来。

创作阶段。孩子在创作过程中不断发展和完善自己的创意，将童谣与绘画完成在同一件作品里。教师不要因为技法掌握如何，而影响孩子的绘画热情。教师提醒孩子郑重地签上名字和写上创作日期，因为这不仅是思想和创作进步的记录，更是让孩子关注和热爱自己创作的有效方法。

体验阶段。不论你认为孩子画得怎样，只要孩子自己喜欢就好。将这些童谣与画稿很好地保存，并不失时机地推荐给大小朋友共同来欣赏。可能的话，给孩子安排一个展示作品的空间，让孩子有机会亲自讲解自己的作品。

四

"那天我哭了"由一颗小小的泪滴开始，鼓励孩子们夸大联想、自由联想、广泛联想，初次尝试将自己的想象构筑成一首童谣和一幅图画。

我们来欣赏一组由珠海市香洲区实验学校三年级孩子当堂完成的童谣绘画作品。

赵若男小朋友画了一个女孩,女孩低垂的双目落下滴滴泪珠,一滴滴蜿蜒串联如美丽的珠链,连接起展翅的鸟儿、盛开的花朵、远航的船只。"今天我哭了,小花开了。今天我哭了,小鸟不渴了。今天我哭了,小船扬帆远航了……"童谣几乎完全模仿教师给出的例作,但是绘画构图有自己的创意,尤其在画面上用美丽的蓝色画出了两个圆形,引人遐思,那也许是哭泣的女孩心里面一轮蓝色的太阳吧?

潘晗小朋友将一滴泪夸大,再夸大,将小小的变成大大的,将少少的变成多多的,画中女孩大大的双眸喷涌出巨瀑般的泪水,汹涌澎湃,有一种视觉的冲击感。"眼泪太多了,鱼儿快活了;眼泪太多了,小船远航了;眼泪太多了,荷花盛开了;眼泪太多了,我伤心极了。"童谣被写在一滴硕大的泪珠里,欢跳的鱼儿、盛开的莲花、扬帆的小船,都巧妙地安置在滔滔泪流中,创意独特。

邱高望小朋友选了一张红色的卡纸来完成他的大作。他以斜线对称方式来构图,画了一个人,头上是一盏台灯,身上是树木,画面极其简洁。同样写"那天我哭了",他的想象与众不同。"那天我哭了,台灯亮了。那天我哭了,沙漠变成绿洲了。那天我哭了,树叶更绿了。那天我哭了,空气更清新了。那天我哭了……"再回过来欣赏这幅画,会产生一种遐想,似乎"我"独自在台灯前落泪,忽然,台灯一开,"我"进入了一个无比奇幻、广阔的世界:烈日将沙漠照得火红一片,然而我的泪水汩汩而出,一棵棵树木撑开绿荫,眼见这沙漠就变成绿洲……台灯、眼泪、沙漠、绿洲的组合,很有创意。

曾蕾小朋友以白云为主人公,写了一首《白云哭了》。"那天白云哭了,把小草浇醒了。那天白云哭了,稻谷乐开了花。那天白云哭了,农民又愁又喜。"似乎白云只管降下满天的泪,结穗的稻谷没心没肺地乐开花,全然不知辛劳的农民喜啥愁啥。粉红色的背景上白云和稻谷和农民的故事,一派天真。

同样是以云朵为主人公,刘惠玲小朋友以童话的方式展现了一个冰激凌工厂的场景。"云朵哭了,雪糕工人拿来了大铲子。它的眼泪流进了冰箱,成了冰块。冰块加上了奶油,成了雪糕。雪糕加上了糖果,变得更好吃了。"童谣的后面三句,采用顶针的方式,描绘了孩童心中对冷饮美食的想象,充满了欢乐。

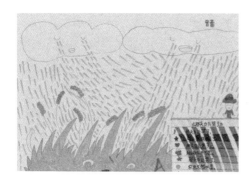

每个孩子的作品都不同。无论是写"我哭了",还是写"我笑了",或者是写"天上的神仙生气了",都有一份独特的想象在里面。"大师摇篮"童谣绘画课程中的评价,以创造性思维方法在童谣与绘画中的运用为观察和评估要点,重视言语表达与绘画的创意表现,并不强调绘画技巧。换言之,课程学习以语言和绘画载体,但课程目标却在于呵护儿童的诗性智慧,培养儿童的创造性思维,提升儿童的创造力。

五

主题一是"画滴眼泪流下来",以"眼泪"为主题进行童谣绘画的学习,第 1 课是"那天我哭了",第 2 课、第 3 课上什么呢?

由于第 1 课的作品中很多小朋友都写了"云朵的眼泪",后续的内容就在此基础上衍生和改变了出来。云朵为什么哭了呢? 第 2 课的题目就是"云娃娃哭了"。

不妨带孩子们一起来到户外,寻一处不会被太阳直射眼睛的柔软的青草地,坐下或躺下,仰望蓝天白云。可以随意找一片云,想象它变化的形状像什么。天空中的云颜色深浅不一,大小厚薄不同,而且一直在移动,在变幻。或许有风,云的样子一会儿像匹马,一会儿像条龙,一会儿又不知道变成了什么。云彩真是了不起,那么善于创造,带给我们许多美好的形象和想象,我们要向云彩学习啊!

"那云朵像什么? 可以编个什么故事?"孩子们叽叽喳喳,说个不停,热闹极了。回到室内,展开教学:

童谣例作

> 云娃娃哭了
> 天黑了,天冷了,
> 大家赶路匆匆的。
> 云娃娃,不小心,
> 轰隆一声跌倒啦!
> 摔疼了,他哭了,
> 这时天空下雨啦。

童谣作者:陈鹏

方法揭秘

形象＋假想

把云假想成娃娃,是一种形象思维。抓住事物形象间的相似特征,把一个假想成另一个,这样会发现更丰富有趣的表达空间。

作业挑战

那块云彩像什么? 它在做什么? 请用一首童谣和一幅画来表现。

创意提示

- 一块像乌龟的云,它在寻找水源;
- 一块像外星人的云,它在讲其他星球的故事;
- 一块像圣诞老人的云,他为我们送来礼物;
- 一块像白雪公主的云,七个小矮人在哪呢;
- 一块脏了脸的云,它告诉我们要防止污染。

可以这样引导孩子们:你都看到过什么样子的云彩? 哪一个形象更有意思? 把那个样子记住,把你看到那块云时想出来的故事,画出来,再编个童谣说出来吧!

六

孩子们通过"云娃娃哭了",对"形象＋假想"法有了一定的了解,以云为对象展开了种种假想。

接下来第 3 课是"忧伤的白桦树"。"白桦树流泪呢,它们张开的手臂被折断了。白桦树心痛呢,它们白色的树皮被剥去了。白桦树忧伤呢,它们相守的伙伴被抢走了。"儿童的认知有物我互渗的特点,与自然万物对话,"我"的情感投射在万物身上,万物的感受就是"我"的感受,所以这一课的内容孩子们很容易接受。教学片段如下:

导语

"你见过白桦树吗? 白桦树的枝杈被折断后,树身上会留下一块块伤疤。这些伤疤,非常像一只一只美丽而忧郁的眼睛,这些眼睛,好像在看着我们,好像有许多话要对我们讲……

方法揭秘

共情＋拟人

将你的情感交给所关注的事物,让它们能够像人一样去自主地说话。

你一定也喜欢大自然吧,一定愿意保护大自然吧!绿色的植物,是我们人类的朋友,我们不仅要发展自己,还要去关心它们。让我们画出更多的画,告诉更多的小朋友来热爱和保护自然。这幅画,把树比拟成和我们一样的人,把白桦树身上的疤痕比拟成眼睛,来提醒大家注意保护树木,这种方法叫做"拟人法",你学会了吗?在你读过的童话和寓言故事里,总在用这方法!现在,你把树想象成人,想象成你的朋友,你还想让它们告诉大家什么呢?快把你想到的画出来吧!

作业挑战

把树想象成和我们一样的人,请用一首童谣和一幅画来表现你的故事。

创意提示

- 一棵孤零零的树,想拥有更多的伙伴;
- 被砍断的树,在流血;
- 城市里一棵老树,在向大家讲述原始森林的故事;
- 与风沙抗争的小树们,在呼唤我们的帮助;
- 长着手脚的小树们,和我们一起跳舞。

以上,是"大师摇篮"童谣绘画课程的第一个主题"画滴眼泪流下来"的课程内容。事实上,"大师摇篮"课程的每个主题具有丰富的扩充空间。以"哭"为核心的这个主题,还可以灵活增加新的授课内容。例如增加一个"矛盾＋组合"法,用一首童谣和一幅画表现一个在哭却又坚决忍耐着想不哭的孩子,让孩子们练习把两件不能同时出现的事情写在一起、画在一起。比如:运动场上飞跑的自己和坐着休息的自己;一个写作业的自己,一个看动画片的自己;一个高兴的爸爸,一个生气的爸爸;星星和太阳同时亮闪闪地出现在蓝蓝的天空上;白垩时代的恐龙出现在现代城市中。

　　这样的课程,你喜欢吗? 孩子们都非常喜欢! 每次去上课,在连续的两个课时里,我们都从创造性游戏开始,令课堂充满轻松、幽默、快乐。孩子们从兴味盎然地欣赏教师提供的童谣和绘画例作,到展开头脑风暴分享各自的联想创意,最后进入专心致志的作品创作中,他们用心描绘自己想象的画面,写下自己得意的诗句。那课堂上的专注和灵动让我欣喜不已,那一幅幅带着孩童诗性智慧的作品更让我陶醉惊叹!

第二节　画个汉字来还原

空阶有鸟迹，犹似造书时。

——岑参

一

"大师摇篮"童谣绘画课程设置了一个以汉字为核心的主题。

汉字是中华文化最重要的载体。古书记载是黄帝时期造字的左史官仓颉，见鸟兽的足迹受启发，"始作书契，以代结绳"。唐代大诗人岑参在仓颉造字台留下这样的诗句："野寺荒台晚，寒天古木悲。空阶有鸟迹，犹似造字书。"北宋《通鉴外纪》说："仓颉见鸟兽之迹，体类象形而制字。"仓颉充分利用自然启发灵感，仿照飞鸟游鱼、风雨雷霆而造字，形神兼备。

形态各异的汉字是我们祖先对宇宙万物的认识与描绘，有象形，有指事，有会意，有形声，直接或间接反映这世界。汉字的构形源于图画，可以说，现在的汉字是从画变化过来的。由此，"大师摇篮"课程给孩子们提出一个问题："你已经认识哪些汉字了，你能把这些字，再变成画吗？当你学会了把某一个字变成画，这个字你就不会忘记了！让我们把一个汉字还原到它本来的样子，变成一幅画。"这个方法就叫"还原法"。

"大师摇篮"童谣绘画课程第二个主题为"画个汉字来还原"。这个课程内容深受孩子们的喜爱，因为他们得以将自己的思维融入汉字的思维，在图画和童谣的双重创造中感受到自己了不起的创造力。

课题：这个汉字念……

导 语

现在的汉字是从画变化过来的，你能把喜欢的汉字再变成画吗？什么样的画更能代表它本来的意思？

童谣例作

绘画例作

这个字念……

这个字念"哭"，
鼻子眼睛挤到了一处，
两眼哭得又肿又大，
脸也哭得长长的，
嘴巴撇得好难看，
它一定是有苦说不出。

童谣作者：陈鹏

绘画作者：谭欣（三年级）

方法揭秘

想象＋还原

想象事物的原始来历和目的，用画面将它还原，以直观的形象赋予具表现力。

创意提示

汉字：山、石、水、人、笑……

这一课需 2 课时完成，主要教学环节如下：

热身入课

游戏：词语联想，看谁的思维更流程、灵活、独特。例如根据"火"说出联想的词语。

作业欣赏：你想用什么词来评价我们上节课完成的这些作品？今天的两节课，你对自己有什么期待？

欣赏画例

静静欣赏,想一想:你看到了什么?(半分钟后,任意抢答)

讨论:你认为作者为什么会想到画这样一幅画?(教师采访,学生作答)

揭示方法:想象还原法。

童谣赏读

自由读。

思考:第一行,与后面几行是什么关系?

品读:写这样的童谣有什么诀窍吗?

创意发散

挑战:找一个字,画出来,配一首童谣。

小组风暴:你想到了哪个字?

全班分享:你想把哪个字画出来,配一首童谣?

强化秘诀:还原法。

创作挑战

目标:选一个字,想象其本来的样子,用一首童谣、一幅画来告诉大家这是一个什么字。

细节:不要划线;构图要饱满;色彩要丰富;记得署名、写日期。

要求:绘画——构图要饱满;色彩要丰富;耐心添加装饰。

童谣——可使用比喻、拟人和排比;长短句结合;朗朗上口。

工具:油画棒、水彩笔。

二

我们来看一组孩子们在课堂上完成的作品。

这个字念"笑"

陈梓晴（三年级）

我开心地笑了，

妈妈说我长大了。

我开心地笑了，

别人说我长高了。

我开心地笑了，

八月到了,我过生日了。

我开心地笑了，

我可以去旅游了。

我开心地笑了，

我被老师表扬了。

我在课堂提供的例作是"哭"字,陈梓晴小朋友就选择了"笑"字。她的绘画明显在模仿我提供的例作,将"笑"字的部件笔画都想象还原成一张笑脸,让汉字与画面契合;她的童谣则回避了对眉眼表情的描述,而是借鉴《那天我哭了》童谣中的第一人称排比的形式,写出了"笑"的内在原因。这是一首开心的童谣,一首充满笑意的童谣,因为童谣以明快的语调写出了孩子成长的快乐。

一幅大山图画

黄熙媛（三年级）

大山大山高高

小树小树摇摇

云绕山儿飘飘

鸟在树上跳跳

这个字念"山"

李佳慧（三年级）

山高高的，

早上的时候她披着白白的纱巾。

山高高的，

晚上的时候她戴着红红的围脖。

哎呀，

她为什么那么高呀？

一定是有什么开心的事儿

让她快快长大！

黄熙媛的图画作品，中间高两边低，俨然将一个山字幻化为实景。绝妙的是她的童谣，短短四句，纯然白描，简短直白却够味，"高高"、"摇摇"、"飘飘"、"跳跳"等叠词用得极好，且音韵和谐，构成美景美境，十分妥帖。李佳慧的童谣作品，则像一首散文诗，将山拟人化，写出山的晨昏变化，猜测山的开心事。画面上没有完全按照三个分岔来画山峰，而是表现山与太阳以及人的关系，以明亮的色调映衬出童谣中的山也在追求长大的那份美好。

这个字念"快"

邝薪升（三年级）

快、快、快，

动作要快，

跑步要快，

背书要快，

什么都要眼明手快！

这个字念"草"

黄彬哲（三年级）

大风起，把头摇一摇；

风停了，又挺直腰。

大雨来，弯着腰，让雨浇；

雨停了，抬起头，站直脚。

不怕风，不怕雨，

立志要长高！

邝薪升、黄彬哲两位小朋友的作品都仿照我提供的例画，以脸部特征描绘来还原对某个汉字的想象。邝薪升画的这个人身上有个"9号"，暗示这是一个运动员，照应了"快"的字义，他的童谣则以短句形成"快"的节奏，每一行的尾字又重复出现"快"字，给人一种强烈的催促感，可谓"快"意难挡了！黄彬哲围绕"草"字，共画了七个样式，对草字头做了不同的细微处理，童谣也写得极好，没有停留在对画面的诠释上，而是以生动形象的拟人手法，塑造了平凡的小草在风雨中坚韧顽强不屈服、"立志要长高"的精神风貌，让人不由得心中暗暗叫好。

这个字念"木"

张玉华（三年级）

远看一棵树，就像一个大蘑菇，

近看这棵树，树干粗得抱不住。

树上的叶儿绿，树上的果儿红，

乐得树公公眼睛眯成了一条缝。

看，树公公的枝干像什么？

对，它像一个字，

这个字就念"木"。

下面的作品某种程度上更注重对字形的描绘，通过图画和童谣兼顾了所选取汉字在形和义两方面的特点，并试图将之完美地结合。

　　张玉华小朋友是个稳重而有些腼腆的男孩子,课堂上他表现得有些慎重,似乎不轻易落笔,待得心中有数,他便一气呵成完成绘画与童谣。他每次都能够准确理解并紧扣教师提出的练习要求,提交的作品都十分完整。比如这次的练习,他就"木"字展开想象,将它还原成一棵果树,一位结满了果实的树公公,从远看写到近看,从果红写到叶绿,语句工整,却也不失童趣,在结尾处点题,十分周全。郑雨柔小朋友是一位诗心才气都外溢的聪慧女孩,她的童谣完全是一股诗意的流淌,"尖"字本无诗意,她却能以丰富发散的联想将"山峰"、"铅笔"、"五角星"、"书桌"还有小姑娘的"鼻子"都写进诗里,其中大量的叠词、意识流一般的情绪,还有由近到远、又由远到近的镜头推移和各种切换,无比流畅,令人赏心悦目。

这个字念"尖"

郑雨柔(三年级)

小眼睛眯成了缝,

小鼻子尖尖,

大嘴巴扁扁。

瞧瞧!

瞧瞧!

她把自己的耳朵弄丢了。

走出家门去,

发现山峰尖尖,

发现五角星尖尖,

发现铅笔尖尖,

发现书桌尖尖。

啊啊!

露出真面目了,

她是一个苗条的小姑娘吧,

她的鼻子尖尖!

一个汉字一幅画,限于篇幅,无法展示更多孩子们的作品。需要强调的是,很多时候,孩子们的画作与美术教师的眼光和要求相行甚远,未尽如人意。然而,图形、绘画对儿童展开联想、展示其想象具有重要意义。儿童的言语表达和绘画技巧都是引发创造力的辅助,而不是儿童诗性智慧自身。同样,我作为语文教师,常忽略其绘画技巧的展示,而更重视其言语表达内在的独特创意。试举一例:

笑

彭奕齐(三年级)

笑,是雨后的七色彩虹,　　　　　　我喜欢笑,

笑,是伤心时一句安慰的话,　　　　笑能让我找回自信,

笑,是老师或妈妈的鼓励。　　　　　笑能让身边人快乐!

笑,是吃一片西瓜,甜在心底。

笑,是一颗糖果,

是蛋糕那香甜的味道。

彭奕齐小朋友选择了"笑"这个字,他没有将"笑"的文字笔画构成一张笑脸,而是在画纸的四边都画了他联想到的事物,画得很小,童谣的文字则写在画面中心位置。他的童谣联想丰富,语言组织也十分流畅,从天空中的彩虹,到糖果、西瓜、蛋糕,乃至老师、妈妈安慰鼓励的话语,他将这些事物都赋予了"笑"的关联:能让我找回自信,能让身边人快乐。这难道不是一首很棒的童谣吗?

三

一场台风过后,我们以"风"字为主题,进行过一次童谣绘画创作,仍是随堂完成。如何运用"想象＋还原"法呢?我鼓励孩子们不局限于汉字的结构、笔画,而是展开更为自由的想象,采用平常熟悉的拟人法、夸大法进行创意创作。

大海里的台风

彭琛珏（四年级）

台风说：

小鱼小鱼，

让我教你倒立吧。

小鱼说：

不了不了，

你会把我转晕了的。

谢谢你的好意！

台风来了

周海韵（四年级）

台风，你好坏呀！

你吹飞了鱼儿，

你把大海掀起，

你让小鱼不能生存，

大家都不喜欢你。

快停，快停！

欣赏孩子们拟人化的作品，真是忍俊不禁。事实上，那一次"天鸽"台风横扫珠海，登陆时中心附近最大风力有14级，狂风骤雨中无数树木倒地，对珠海的破坏很大，台风过后全城市民投入灾后重建，耗费大量人力财力。然而，在孩子们的眼中，台风也只是一个淘气的小孩！彭琛珏的笔下，台风是为了教海里的鱼儿玩倒立；周海韵的画笔下，台风睁着精灵可爱的眼睛带着各种笑，和大海玩着游戏。

想来,孩子们年年都见台风,觉得台风不过是个熟悉的老友,此番也不过就是玩得开心罢了,所以,他们笔下的台风透着儿童的天真淘气,还有几分儿童的幽默。

讨厌的台风
陈梓晴(四年级)

台风,
能不能不要
把我吹走?
你把我吹走了,
我就见不到
我的家人了。

台风说:
好吧!

台风来了
黄傲雪(四年级)

台风来了,
台风来了。
小树说:
台风台风快停下,
你伤害了我,
也伤害了小朋友。
台风说:
没事没事,
我会给你医药费的。

陈梓晴小朋友的绘画构图大胆,她运用夸大法,让画面聚焦于被狂风吹到半

空中的一个表情惊恐的小朋友,倒伏的树木、凌乱的花草都只成为背景,极度夸张。黄傲雪则将生活中细微毫末的观察在画中表现了出来,雨伞被风吹得翻起,手拎袋被吹得脱手而去,小兔子被吹得站不住脚跟,小树几乎拦腰折断。然而有趣的是,她们俩的童谣赋予台风一种善良的品性,台风不仅答应了求饶之语,甚至还答应给"医药费"!

万物有灵,台风有情,这就是孩子的世界吧。

四

运用"想象+还原"法的时候,除了用上拟人、夸张,还可以采用代表法。陈梓晴的台风,就选择了用一个被狂风吹上半空的女孩作为代表,来表现台风之猛。

在另外一课,我们选择了"舞"这个字作为主题,用童谣和绘画进行想象和还原。舞蹈是动的,画是不动的。但舞蹈里最美的那一时刻,是可以用画记录下来的!

小朋友会觉得这很难。我以动画片来打比方,如果只是一幅画,拿着抖来抖去,无论怎么抖,都只是一幅画。只有许多画面连接到一起,然后再连续地播放出来,我们才能感觉那些小猫、小狗和各种人物在动。那么,只有学会画好每一张画,使这画有趣,才可能做出好玩好看的动画片。

我们可以做一个练习,想象动态中的某一个瞬间,也就是某一个画面,如:

- 凌空抽射的足球进入球门的那一时刻;
- 蓝天上的一颗流星;
- 猴子从树上丢下的香蕉没有落地的那一刻;
- 跳起的羚羊在空中的样子;
- 从树梢落掉的一颗水滴。

如果能想象出事物在快速运动中的某一个瞬间,那么,把"舞"字进行想象和还原也就不是什么难事了!

课堂上,我们通过头脑风暴,说出大自然中有什么是会舞蹈的,然后每个人从中选择一个自己喜欢的事物作为"舞"的代表。比如,湖上的天鹅在起舞,空中的雪花在飞舞,海中的海豚在游舞,白云在蓝天上飘舞……或者选择一棵树,一只蝴蝶,一片树叶,都可以作为代表来表现"舞"的主题。我们管这叫作"代表法"。

　　孩子们真有一些很棒的创意。

 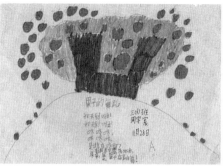

 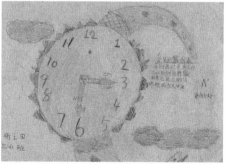

　　前面四幅画上的童谣是:

海风之舞

曾思瑶（三年级）

冬风冬风吹吹，
海浪海浪飞飞，

就像一对舞伴，
跳起舞来美美。

果子的舞蹈

周宇宸（三年级）

秋天到啦！
秋天到啦！
咚咚咚，
咚咚咚，

是谁在吵啊？
一颗颗果子滚落地面，
原来，是果子在跳舞！

稻谷会跳舞

邝薪升（三年级）

风儿轻轻吹，
吹呀吹，吹呀吹。
稻谷跳起摇摆舞，

左摆摆，右摆摆，
摆出了一片金黄的稻谷海。

会舞蹈的衣架

林子欣（三年级）

今天太阳笑哈哈，
鸟儿成排叫喳喳。
风儿先后来伴奏，

衣架裙子舞翩翩，
白云飘飘来观看。

这四个小朋友分别从大自然中选择了一个代表,描绘它们的舞蹈。四首童谣篇幅短小,但音韵美,充满童真童趣。把冬风与海浪想象成一对儿舞伴,让成熟的果子带着咚咚咚的鼓点跳舞,让成片的稻谷跳起群舞,让太阳、小鸟、风儿、白云都来陪伴观看衣架的舞蹈——这是不是让成年阅读者收到一份来自儿童创造力的惊喜?

后面两幅作品中的童谣也不乏佳句,但总体更胜在想象力。施渝菲小朋友创作的是"笔之舞",杨之团创作的是"爱跳舞的表"。他们在绘画中充分显示了自己的创意,将一支笔、一只表以夸大的方式画满整个画幅,细微的动态都做了精心的表现,风和云则成为背景来衬托它们的舞蹈。

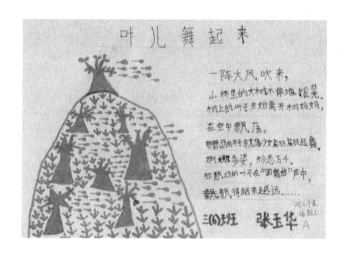

张玉华小朋友的每次作业都力图准确把握练习中的要求。这一次为了体现"选择一个大自然中的代表",他先是画了一座山,山上密密地长满了树,密密地画满了树叶;然后,他在山顶上单独画了一棵树,让这棵树作为大自然所有树木的代表,让它的树叶飞落空中。他这次的童谣写得像一首散文诗:"一阵大风吹来,山林里的大树不停地摇晃。树上的叶子开始离开树妈妈,在空中飘荡。那飘动的叶子就像少女翩翩起舞,婀娜多姿,形态万千。那飘动的叶子在'圆舞曲'声中,飘得越来越远……"

通过孩子们课程中的作品,可以看到他们丰富的想象力和创造力,其中不乏各种夸张和丰富的联想能力,其中的乐观、创意、幽默令作为成年人的我们亦深受感染,在实施课程教学的同时也不断向儿童学习。

五

汉字的神奇,在于汉字具有全息性,是有灵魂的有情图画,是视觉的流动、心灵的感悟。"大师摇篮"开辟的这一主题,以汉字为主体,回溯造字的源头,引导孩子们了解汉字由图画而来的特点,对常见汉字进行"还原＋想象",进入汉字的全息世界,但教师又并非执著于汉字的义理溯源或义理讲解,而是重在鼓励和培养孩子们丰富的想象力、独特的创造力。因此,"大师摇篮"更为重视的是鼓励孩子们由汉字而联想山河、大地、人物,激活生活经验、审美经验和语文学习的经验,让每个孩子以自身独特的理解与创意,借助童谣与绘画的形式来诠释、构筑汉字里藏着的无限丰富的世界。

第三节　画个梦境好奇怪

都是平常经验，

都是平常影像，

偶然涌到梦中来，

变幻出多少新奇花样！

——胡适

一

童年是多梦的"季节"，童年是梦想的故乡。

美丽的画，如诗如梦。人们在睡梦中休整自己，不仅是休整身体，还休整我们的心智。对于梦的认识，人类还没有全然研究明白，可梦帮助人们进行了许多的发明和创造，成为创造的一种方法。许多梦是奇特的，甚至不是我们在清醒的时候可以设想的。它把许多事物联系起来，给了我们一个别样的空间。

还有一种梦，让人们在清醒的时候也能够开放自己，任由着意愿去想象更好玩、更美好的事情，人类的许多进步成果都离不开这种梦，它叫"梦想"。孩子的梦想看似离奇，但也许那正是未来的样子。

"大师摇篮"童谣绘画课程设置了一个以"梦"为核心的主题。这个主题，我们鼓励孩子学习用一种叫作"梦想"的方法来创造。

教学从一个梦的游戏开始。

导　语

你还记得自己美丽的梦吗？你有什么美丽的梦想呢？

我们的游戏：不要束缚自己，大胆地设计一个梦想。

比如：

● 恐龙没有灭绝，它们在主宰着世界；

● 你拥有的一架特别好玩、与众不同的飞机；

● 一个由单一颜色构成所有一切的世界；

● 能够把你想到的美丽图景都画出来的一部机器；

● 会阅读学习、会发明创造的蚂蚁王国。

……

没有梦想就没有创造。

让我们从一个大胆有趣的梦开始，进入新的创造。

二

首先是"奇特的梦"，两课时完成。主要教学环节如下：

热身入课

师生游戏：颠倒大小。如：

很小很小的蚂蚁——很大很大的蚂蚁

很大很大的恐龙——很小很小的恐龙

很小很小的花朵——很大很大的花朵

很大很大的房子——很小很小的房子

欣赏例作

有人做了一个梦，梦里的世界跟现实相反，于是把梦里的世界画了下来。

出示画作。

欣赏图画，观察：梦里有什么特别之处？（夸张、颠倒、奇特）

进一步讨论：你喜欢这幅画的什么？

如果请你为这幅画命名，可以叫什么名字？

孩子们讨论。这幅画被命名为《我和恐龙》或《奇特的梦》。

欣赏童谣

昨晚做了个怪怪梦，	大树变成了小青草，
我变成一只大恐龙。	大海变成了小水坑，

大山变成了小土包，　　　　　　脚丫儿太大落脚轻，

恐龙变成了小爬虫。　　　　　　千万别伤到小恐龙！

朗读童谣，回过头再次欣赏画作。

注意童谣语言表达的特点，说说童谣的开头、中间、结尾分别讲了什么，了解层次结构。

方法揭秘

颠倒＋夸大

创意提示

● 大蚂蚁和小小的人类；

● 一只可以叼着地球飞行的麻雀；

● 在一朵花里生活的一个人类部落；

● 可以在你文具盒里喂养的一头大象；

● 直升机与大马蜂的战争……

闭目自由构思梦境：你想画一个怎样的梦境？奇特的梦里发生了什么？

四人小组内分享创意，相互评价。

进行全班范围的分享，鼓励所有的创意想法，尤其鼓励最特别的想法。

教师的评价引导：很好！还有不同的吗？……还有更特别的吗？……

创作挑战

以"奇特的梦"为主题，创作一首童谣、一幅画。

再次强调：运用梦想法；可以颠倒、夸张，尽可能奇特。

三

孩子们造出了一些怎样的梦呢？

　　解子乐小朋友运用颠倒法，将梦里的自己变得很小很小："昨晚我做一个奇特的梦。我变得比米粒还要小。小草变成了大树，大树变得跟山一样高，树叶变得跟船一样大。当心！当心！七星瓢虫千万别把我当食物吃掉。"画面里，小草都比小朋友要高出两三倍，巨大的七星瓢虫占据了主要的画面，整个构图还区分了近景和远景，使得近处的瓢虫显得更加硕大，更吸引人的目光。观看这幅画，还真的替草<u>丛</u>里那小小的人儿担心呢！

　　陆思彤小朋友同样将梦里的自己还有妹妹变得很小很小，不同的是她们竟然在一只气球里！"今天我发了个奇特的梦"——有些方言中，把"做梦"叫作"发梦"——"我居然被困在了气球里。飞啊，飞啊……糟糕！我已看不到下面的房屋，我连忙抓住妹妹的小手，妹妹也很是惊讶。我忽然听到有什么东西在响，叮铃叮铃起床了，这原来是一场梦。"就绘画而言，画面采取对角线构图，三只气球的位置排列得很合适，最大的气球里装着变小了的姐妹俩，另外两只分别写着童谣、作者署名。气球的动态、背景的简略处理都细致而恰当,藏在气球里去旅行,有点紧张,却也足够新奇浪漫!

孙子晴在梦里变成了一个巨人。"昨晚做一个奇特的梦,我变成一个巨人。我用鞋带给人们做跳绳;我用耳朵给人们做电话;我用头发给人们坐针线;我用手臂给人们坐滑梯;我用手指做椅子,我用手掌做桌子,给人们吃饭;我用脚做火车,带着人们去远方。小心! 小心! 别让人们摔到了!"这是一个类似格列佛来到小人国的梦境。其实也有小朋友的梦类似小人国,全家人甚至整个城市的人都生活在一朵花的花蕊中。关于巨人国、小人国,这是每个孩子童年都会有的一个梦吧。

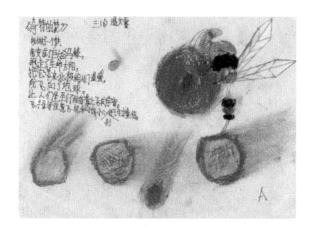

温文睿的梦足够大胆、夸张。"我做了一个梦,我变成了巨大的马蜂,抱走了生命太阳,把它带来北极给人们温暖。我飞向了地球,让人们坐到我的背上飞向宇宙。"他似乎想模仿我之前提供的那首童谣例作的结尾,于是又加上一行:"飞翔时要注意飞机和小鸟,小心别把他们撞伤。"这真是典型的少年英雄梦。这一堂课,在很多男孩子的作品里看到了战争,有人蛇之战、蚂蚁之战、星球之战、原子弹之战,从中可以看到当今孩子们受到的影视、漫画、游戏等影响。温文睿小朋友的这个作品显得很特别,因为寥寥数句,梦境宏大却不失温暖,画面上形成对比的马蜂和星球甚至营造出一份独特的科幻感。

不知道是否受了我提供的例作的影响,孩子们在这堂课中有很大一部分的作品,无论是童谣还是绘画,呈现相似性,创造性思维发散得不够。也许是过于强调了颠倒法,所以在表现的手法上很类似。

我决定进行调整,以"梦"为主题再上一次课。

四

怎样创造出更奇特、有趣的梦?

除了颠倒、夸张,还可以用什么方法?

上节课的作品中有一幅非常特别,就是罗植元的《我的梦》。这幅作品给我们提示了另一种重要的创作方法。我将这幅作品挑出来,用于"梦"主题的第二次教学。

请孩子们一起来欣赏罗植元小朋友的画作。我们生活在用道路组成的世界里,一条道路还分出另外几条道路,就像大树的树干和树枝一样,分出去一枝,两枝,三枝……

罗植元小朋友的画抓住了什么特点呢?

这幅画抓住了这样一个特点：把道路画成了大树和它的枝杈，于是，一个树上的家园就诞生了。这种方法非常有用，我们叫它"换元法"，就是把事物其中的一个元素，换成形状相似的另外的东西，这样就得到了让人耳目一新的作用。为了好理解，我们也可以叫它"替换法"。

于是再请孩子们进行一项创意挑战：试着将一个事物用替换法改造成另一个形状相似的事物，并把它画出来。

在头脑风暴环节，孩子们想出了很多好创意，他们用上了颠倒法、夸张法，更用上了替换法。随后，孩子们进入全神贯注的创作，提交了与上次不一样的作品，用童谣与绘画将"梦里的世界"表现得更为奇特多彩。

黄傲雪的梦里，云朵全变成了棉花糖；刘思语的梦里，自己的嘴巴变得好大好大，成群结队的工人在里面"挖挖乐"；潘晗的梦里，冰棍变成冲浪板，蛋糕变成小渔船，曲奇成了红太阳；宋雨馨的梦里出现了一个包子村，游乐场、超市和住屋是各式大包子；曾思瑶的梦是一个海底世界，珊瑚房，鳗鱼楼，海星铺路，水母做门；黄彬哲的梦则是一个长在大树上的太阳系……三年级的孩子，用童谣和画笔创造了一个五彩缤纷、奇幻无比的梦想世界。

铅笔世界

邓博宇（三年级）

我做了个怪怪梦，
大楼成了铅笔，
云朵成了铅笔，
太阳成了铅笔，
水源成了铅笔，
道路成了铅笔，
汽车成了铅笔，
还好人没成铅笔！

甜美梦
曾子颖(三年级)

月儿照,
进梦了。
梦中走进甜品城。
看看看!
看看看!
冰淇淋大楼好壮观,
蛋糕城堡真美丽!
巧克力楼房甜丝丝,
棒棒糖大厦香喷喷……
到处一片好风景。
这才是真正的甜品城,
这才是真正的甜美梦!

金鱼大酒店
林子欣(三年级)

今天天气火灿灿,
白云飘飘海上闹,
大海鱼群跟着跳,
金鱼酒店真奇妙。
海里天上到处转,
你说奇妙不奇妙?

谭智腾创造了一个很不一样的梦境:蜘蛛捕鱼。

"一群蜘蛛在捕鱼,捕到一条大肥鱼。捕到大鱼吓小鱼,小鱼拼命喊救命!哇,海上游出了小飞鱼。一群飞鱼飞上天,蜘蛛拿网来捕鱼!捕到一群大肥鱼,捕鱼真的很有趣!"谭智腾运用了替换法,用蜘蛛结网来替换渔人撒网,用海替换树林,用飞鱼替换飞虫。他还用了颠倒法,小小的蜘蛛变得智慧有力,纤细的蛛丝能够用来捕鱼。画面做了细致的描绘,蜘蛛们划着船、潜着水、撒着网、收着竿,甚至还有从天而降的蛛丝将捕捞的鱼儿从空中运走! 奇妙,孩子们的创造力如此奇妙!

替换法令"梦"的世界不再雷同,给孩子们带来了创造的新奇和成功。

这种创造的方法还可以怎么运用呢?

五

围绕"替换+组合"的创造方法,我们又上了一课。这一次,我们将它用于"脸的构成"。

绘画例作

绘画作者:李锦涛(三年级)

教师提问:仔细观察画中的脸,你有什么发现吗?

孩子们议论纷纷。画中的人脸是蔬菜、水果构成的,李锦涛用龙眼作为眼睛,豌豆作为眉毛,长长弯弯的香蕉是咧开的嘴巴,圆圆的苹果表示脸蛋,还有个小小的胡萝卜,那是鼻子。蔬果构成的人脸,显然心情愉快,仿佛在说:"天气真好!"

方法揭秘

联想＋替换＋组合＋换元

是的,用上这些方法,就对人脸进行了新的构成。

这样的脸是多么有趣啊,它会引发我们格外关注和玩味。这样的想法是多么的有创意!

你想要尝试一下这样的方法吗?

我喜欢鱼儿,鱼儿可以变成我的鼻子吗?

我喜欢花儿,花儿可以变成我的眼睛吗?

我喜欢帆船,帆船可以变成我的嘴巴吗?

我喜欢冰淇淋,冰淇淋能变成我的头发吗?

那就来试试吧!

创意挑战

用不同的事物组成人脸。

两节课内,孩子们提交了各自的创意作品。星星、月亮、海草、贝壳、文具、水果,都出现在脸的构成中。

今天晚上我做饭

李潞(三年级)

今天晚上我做饭,
黄黄南瓜是脸蛋。
萝卜鼻子鸡蛋眼,
香蕉嘴巴和眉毛。
晚饭终于做好了,
一道大菜端上来,
舍不得吃留着看!

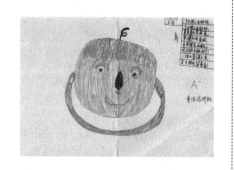

真的好有趣
张玉华（三年级）

稀奇,稀奇,真稀奇,

数学王国里的人,长得好有趣。

两个耳朵是三角尺,

两道眉毛是铅笔。

两个眼睛是橡皮,

中间的鼻子是钢笔。

再看他的大嘴巴,

原来是个量角器。

你说是不是很稀奇?

你说是不是好有趣?

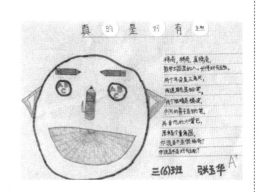

组合法是在创造发明和创作中最常用、最有效、最容易实现的一个方法,三年级的孩子们在这堂课中将替换法与组合法综合运用于"脸的构成",带来不少惊喜。李潞的《今天晚上我做饭》、张玉华的《真的好有趣》在使用替换法的时候,有意识地给自己限定了某一类物品,如厨房里的食材或学习用的文具,在一个类别里实现所有需要的替换,同时,他们还写出了有趣、有主题、有韵律的童谣,作品非常完整。

其他孩子的作品也创意多多。陈省然的创意是用大萝卜、小萝卜构成一张脸,其中用闪亮的星星做眼睛,萝卜叶子做胡须,一行树木做头发,让人产生遐想,这是不是地球的脸呢? 杨之囡的创意是用一个包子作脸,花草树木构成它的头发和手脚,太阳、月亮当眼睛,甚至毒蛇和旗鱼也成为了鼻子和嘴巴,从绘画的角度看,这个组合无论是形象还是色彩都是那么的美,带着强烈的梦幻感,充满了想象力。

生活中有这样的脸吗? 不。一切都是想象,是创造,是梦想的创造。

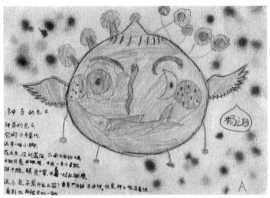

六

在四年级课堂,孩子们也用"替换＋组合"的方法完成了一次童谣绘画创作。我们没有限定主题,而是鼓励自由联想、自由创作。

相对于三年级,四年级孩子的创意、语言表达、绘画表现,都有了明显的不同。

鲜花和泥巴
孔德馨(四年级)

我的爸爸妈妈就像鲜花和泥巴,

我的妈妈美丽善良,

就像一朵盛放的鲜花,

我的爸爸淳朴老实,

就像一块灰色的泥巴,

咦?为什么妈妈爱爸爸,

啊!原来是鲜花离不开泥巴!

把爸爸、妈妈比作盛放的鲜花、灰色的泥巴,赞美妈妈的美丽善良、爸爸的淳朴老实,更为妈妈和爸爸的爱感到自豪。这样的童谣有着甜美的稚气、天真的幽默,图画中鲜花的婀娜身姿、温柔笑容,泥巴的坚实与憨笑,都让我们忍不住从心

底里往外笑。这是一个表达幸福的创意。

花朵的发夹

李佳慧（四年级）

露珠是个淘气的孩子，
夜晚，
他跑到花姐姐头上，
去做花的发夹。

早晨的花姐姐可漂亮了，
戴着晶莹的发夹，
随风舞蹈。

这要是被太阳看见可不好，
要是被他看见了，
一定会把花朵的发夹带走的。

　　小作者以纯真的想象，创设了一个花姐姐、露珠、太阳之间的情景故事，用"晶莹的发夹"来替换花朵上的露珠。这是一个充满童话色彩的创意。

纸船

赵景昀（四年级）

我不肯丢弃一张纸，
因为那是纸船。

每当叠好，
总有一个希望

坐上了船。
我把纸船
丢入海中，
去享受海的拥抱。

静静地飘，
在海面飘。
希望在海上游行，
去体验海的怀抱。

慢慢地飘，
是近，
是远？

　　纸船，代表的是希望。那海上飘的，是纸船；那或近或远，在海上游行的，也是我的希望。我们不知道一个十岁男孩的心里有着怎样的希望，可是我们的心也随着那纸船，去那海上飘荡。这是一首高级的童谣。

　　还有一些作品的创意可圈可点：

　　解子乐小朋友的绘画很有创意，显然，他由手掌联想到树，于是用一棵无叶树

来替换手掌。有些细节画得很好,比如手指(树枝)上的鸟儿。只是童谣中的观察和思维还可以更细致,手指上还有五片闪亮半透明的指甲,如果是一棵无叶树,树上会生长什么呢?

铅笔盒

叶丹苗(四年级)

第一层

有铅笔,

它可是个淘气包,

把自己的腿都摔断了。

它可是个数学家,

量长度呀都靠它。

第三层

有削笔刀,

它可是个小医生,

淘气包的腿呀得靠它。

第二层

有尺子,

普普通通的笔盒,装着几样文具,在叶丹苗的眼里它们成了淘气包、数学家、小医生,万事万物都有了生命的灵性,生活中司空见惯的一切都成了诗。

"大师摇篮"童谣绘画课程就有这样的魅力。

激发孩子的想象力,珍爱孩子的心智,相信孩子的能力,鼓励孩子的成长。

让孩子创绘自己的画,让孩子创编自己的歌谣,让孩子创造自己的美好未来。

期待未来的艺术大师,科学大师,教育大师,发明大师,多才多艺的大师!

第五章

童谣创作课程实践

　　儿童是天生的童谣诗人。童谣教学之核心要义在于师生共同拥有诗性的精神，即始终拥有一颗有感悟力、善于想象、纯真可爱的童心。以儿童为教育对象的师者，需要向儿童学习。让目光透明，让心思沉静，让直觉敏锐，让想象飞跃，让文字简单纯粹，我们人人都能发现童谣创作的秘密，我们人人都能成为童谣诗人！

第一节　向儿童诗性学习

如果我真的对云说话，你千万不要见怪。

——梭罗

一

童谣教学，其关键不在于孩子写出怎样惊人的诗句，而在于他们能否拥有诗性的精神。而对于孩子而言，这种精神不过就是一颗有兴味盎然、充满想象、纯真可爱的童心。

儿童需要教师的理解。他们希望在问出天马行空的问题之后，不被敷衍、呵斥；在表达心底最质朴真诚的想法时，不被强迫着学会粉饰、伪装。

作为成年人的教师，应向儿童学习。每一个成年人，都曾经是孩子。当孩子成为大人，就忘却了自己曾是孩子，孩子的视角、孩子的好奇心、孩子的逻辑，随着长大就渐渐失去了。教师要学习像儿童一般看世界，睁大眼睛，充满兴趣地以诗性的思维打量这个世界。

学习儿童的思维，就是学习儿童的诗性，尝试找回儿童时期所具有的特殊思考方式。运用想象力，将主观情感过渡到客观事物上，使客观事物成为主观情感的载体，从而创造出新的意象和境界。

在从教 30 年之后，我本着向孩子们学习、向优秀童谣作品学习的态度，尝试写作童谣。尽管再三地要求自己回到儿童的世界，以儿童的眼光看事物，然而童心可贵也难再，觉得每天处在工作重压下，一点纯真诗意都没有。最后，我将目光投向我们校园里的"创想城"，决定专写"创想城"。

感谢北京陈鹏老师的鼓励。我担心只写校园是否内容太狭隘，陈鹏老师说，如果有个语文老师还能做个校园童谣诗人那该是多么了不起。我知道他是在鼓励我。我想，既然要和孩子们共建这个课程，我自己也应该拿出一些作业才是。于是就有了这 18 首童谣习作。

18 首童谣分成三个单元。

第一单元:"发现组合的秘密"。

第二单元:"表达独特的意趣"。

第三单元:"传递真切的情感"。

本章主要分享这18首童谣,以及第一、二单元童谣教学的实践。

二

第一单元:"发现组合的秘密"。

共6首。

① 校园真美好

东边,

日光急急跑来。

南洋杉,红千层,还有旅人蕉,

全都要热烈地抱一抱。

啊,这是真的,

校园里的树每天都在长高。

西边,

日光还在嬉闹。

足球,男孩,啁啾的四喜鸟,

全都要追一追,跑一跑。

啊,这是真的,

校园里的我们每天都在欢笑。

校园里每天都美好!

② 池塘

水边的杜鹃,

映照红红的身影,

是在等待一只蝴蝶的探访吧。

水面的纸船,

凝望摇曳的云影,

是在等待一个带他回家的孩子吧。

水里的小鱼,

游到这边,游到那边,

是在等待那位生病的园丁好起来吧。

③ 太阳

清早的太阳

迈过围墙来。

灌木丛里的红浆果,

举起一盏盏小灯笼。

向着晨读的孩子说

早上好啊。

中午的太阳
照到百花园里。
做自然笔记的女孩们，
静静地描摹龙船花。
向着她的蓓蕾说
你在午睡吗？

黄昏的太阳
挂在爸爸的车窗前。
回家的路途可真漫长，
肚子饿得慌。
快看啊，爸爸，
好大的一个咸蛋黄啊！

④ 你好

黎明的月亮对太阳说，
落日的余晖对月亮说，
你好！

微风对散尾葵说，
散尾葵对微风说，
你好！

春雨对池塘说，
云影对天光说，
蜻蜓对木槿说，

书声对校园说，
你好！

我们也说吧，
对今天的一切，
道一声你好。

⑤ 苔藓和山茶

墙角的苔藓，
用绿色的丝线
织了一件松软的袍。

嘘，小点声
他在凝望那朵
盛开的山茶花呢。

如果风将她吹落
他一定会张开柔软的袍子
将她轻轻地拥抱吧。

⑥ 飞

蒲公英
撑一柄小小的降落伞
乘风去飞。

三叶草籽

凭着神秘的弹射器
奋力去飞。

小小的桂花
跌落在小女孩的手帕里
花香漫飞。

三

第二单元:"表达独特的意趣"。
共 6 首。

① 兔子罗朗

我想变成
兔子罗朗。

离开妈妈,
钻出家门口的篱笆
趟过小溪
越过小树林
穿过山谷,
一个人去山顶
看日出。

然后
给 229 个朋友和妈妈
写信。
点亮红色的灯笼
办一个盛大的
兔子派对。

然后
篝火旁
遇到一位可爱的兔子姑娘,
两个人去山顶
看日出。

② 龟背竹

雨天
想去园子里
做一棵龟背竹。

雨点
会在我的绿掌心
写下好些诗句。

淅沥沥,
滴滴答,
这诗不错吧?

③ 大黄蜂

夕阳把云霞染红的时候，
神气的消防车开进了学校。
我和伙伴们在欢呼。

一道水龙飞上半空，
那个比篮球还要大的蜂巢
终于掉落。

放学了，
我在树下仰头望，
它真的不见了。

蜂巢不见了，
那些蜂呢？
天色一点点变暗，
它们晚上住在哪里呢？

④ 池塘边

竹影里的紫玉兰
举着毛茸茸的花骨朵，
拼了全身的气力
将花瓣从里面挤出来。

紫玉兰脚下的丝线草
散开她的裙裾，
几只小蜗牛

在捉迷藏。

丝线草的缝缝里
探出一株四叶草，
她在等待
那个名叫小思哲的
幸运的小女孩。

⑤ 山的那边

山的那边
是无垠的稻田吗
笼中的仓鼠啊
让我们翻过这座山
去看看

山的那边
是湛蓝的大海吗
寂寞唱歌的青蛙啊
让我们翻过这座山
去看看

山的那边
仍是层层叠叠的山吗
亲爱的姐姐啊
让我们翻过这座山
去看看

⑥ 四叶草

听说

五千株三叶草中

只有一株是四叶的,

我用整个的夏天

变成一个找四叶草的专家。

爸爸说,

你看那个大肚皮的蜘蛛,

还有那朵兔耳朵花……

我只找我的四叶草,

在密密的三叶草丛里

一眼就认出它。

我要扮个专家,

谆谆教导小伙伴怎样去观察。

可是秋天还没过完,

我早已经忙着别的了。

有趣的事情太多,

我都研究不过来啦!

四

第三单元:"传递真切的情感"。

共 6 首。

① 我的"创想城"

我好喜欢我的"创想城"。

南园的芭蕉,棕榈,千层红,

北苑的池塘,蝌蚪,还有松鼠,

从雨林的秘密,

一直到浩瀚的星空。

因为这一切都是

为我们造的吧。

我好喜欢我的"创想城"。

西院的足球,轮滑,定向越野,

东楼的烘焙,行摄,还有海心沙画,

从鹦鹉螺号书屋,

一直到霞客行天下。

因为这一切都是

为童年造的吧。

很棒的"创想城",对吗?

② 木棉

木棉树的花
很热烈吧
它的火炬把天空都照红了

木棉树的干
不寂寞吧
二楼教室里的钢琴曲陪着它

木棉树的根
最深情吧
夏天它的幻想和棉絮飘满校园

③ 大侦探

早晨
清洁工奇怪得不得了
校长室的沙发上
怎么会有一堆豆皮儿呢

中午
校长奇怪得不得了
书柜上的黄豆枕
什么时候破了个洞呢

晚上
奇怪的事情随风播散
谁都想做大侦探
谁都想来揭秘这个答案

只有老桂树知道
昨天夜里老鼠开派对的事

④ 为什么

为什么酢浆草的果子
吃到嘴里像跳跳糖呢

为什么木棉的种子
夏天还穿羽绒衣呢

为什么青蛙的小仔仔
跟他一点也不像呢

总有一天我会知道的
妈妈慈爱地摸摸我脑袋

⑤ 小鸟

每天听到小鸟歌唱
却不知道它住哪儿
给它造一座铁皮的小屋
清凉,通透
挂上半空的树杈
可是没见一只小鸟
住进它

台风后小鸟仍在歌唱
这回更不知道它住哪儿

给它造一座木头的小屋　　　　　　开了又谢

温暖,稳固　　　　　　　　　　　谢了又开

挂在折断的树干上　　　　　　　　院落里的木槿啊

可是没见一只小鸟

住进它　　　　　　　　　　　　　总有什么是要坚持的吧

　　　　　　　　　　　　　　　　辨着风的方向

是我们做的房子　　　　　　　　　很努力地织一张网

不够好吗　　　　　　　　　　　　织了又破

是我们放的位置　　　　　　　　　破了又织

不适合吗　　　　　　　　　　　　路灯下的蜘蛛啊

都是吧

因为我们不是自由的小鸟啊　　　　总有什么是要坚持的吧

　　　　　　　　　　　　　　　　跟着节气的步伐

⑥ 总有什么是要坚持的吧　　　　　很努力地种一垄棉花

　　　　　　　　　　　　　　　　一年过去

总有什么是要坚持的吧　　　　　　又是一年

从日出到日暮　　　　　　　　　　上劳动课的孩子啊

很努力地绽放花朵

五

　　年少时,有过喜欢写几句诗的时候。如今,两鬓风霜、满头华发坐在书案前,拿起笔来要写童谣,真不知如何落笔。

　　童谣不是很短小吗? 童谣不是简简单单、直白如话吗? 童谣不是写几个拟人或比喻的句子就可以了吗? 然而,真的很难! 成年人写童谣,一不小心就是假天真、伪幼稚! 我迟迟未能写下哪怕一句。直到在假期里,澄心静虑,让自己的思绪回到我们的校园,回到我们师生共同缔造的"创想城",回忆在城里发生的许多往事。渐渐地,渐渐地,很多细小的场景在我的眼前清晰起来,鲜活起来,在这些场

景里，我不再是那个站在办公室外俯瞰楼下花草池塘的校长，不再是那个经历了几十年风雨的成年人，我似乎一点一点地变了回去，矮小了身子，澄澈了心思，像个孩子一般，见到了另一番天地。

我想起每个星期五下午，我们在"创想城"的80多个选修课程里，兴致勃勃，热情投入，对"创想城"说不尽的享受和热爱。我想起春暖花开时，我们一齐动手，在将近40 000平方米的校园里种下800多棵桂花、桃花、樱花、玉兰花，一年四季校园里姹紫嫣红，芬芳馥郁，百鸟啁啾。我想起钻进桂花丛用手帕收集桂花说要带回家做桂花糕的小伙伴，想起微微细雨中看花了眼好不容易才找到的四叶草，想起不知名的老鼠来访后留在我椅子上的一堆黄豆皮儿。我想起校园里那位不善言辞的花工，他总是在假山下的池塘里养上几尾鱼，在假山上种几棵红艳艳的杜鹃花，后来鱼儿死了，他告诉我他难过了好几天。我想起树上高高的马蜂窝，我们又害怕又兴奋，等消防车开进来时我们都一窝蜂地尖叫。我还想起，我们在树上放的那么多个鸟窝，许多年过去，树越长越高，鸟窝高得再也够不着，可是我们从来不知道，校园里每天这么多各种各样的鸟，到底有没有哪一只是在我们做的窝里睡觉……

当我真的变成了孩子一般，目光透明起来，似乎那一切都可以写成我的童谣。于是，我像一个小学生，认认真真，一字一句，依着我的"童心"写下这18首童谣习作。回过头来看实在写得不咋地，才情有限，童心难再，很是汗颜，唯那段写作的体验十分宝贵。

我将这18首习作拿到课堂上分享给孩子们，和孩子们一起交流，期待孩子们的童心童谣。

第二节　发现组合的秘密

组合作用似乎是创造性思维的本质特征。

——爱因斯坦

一

我将自己的童谣习作分享给孩子们,变成"童谣 18 课",构建我的"童谣教学三部曲"。

第一部曲:"发现组合的秘密"。以我的 6 首童谣习作,揭示童谣写作的六种组合方式,即分解法、置序法、时序法、场景法、故事法、共性法。

第二部曲:"表达独特的意趣"。以我的 6 首童谣习作,讲解令童谣产生独特意趣的三种方法,即替换法、逆向法、还原法。这三种方法,在本书第三章、第四章均重点涉及。

第三部曲:"传递真切的情感"。以我的 6 首童谣习作,强调一位优秀的童谣作者应该拥有一颗爱的心、观察的心、记录的心、发问的心、反思的心、启迪的心,其童谣作品应该向读者展示爱与美好。

二

"发现组合的秘密",第一课是"分解与组合"。

课堂从游戏开始。如果希望课堂上气氛活跃,如果希望孩子们创意多多,不妨从游戏开始。

我拿起一支笔:"我们来做一个'分解'的游戏吧!一支笔,可以分解为哪些部分?"

气氛立刻活跃起来。笔尖、笔头、笔杆、笔身、笔芯、笔水、笔帽、笔盖⋯⋯大家看起来都很喜欢这个游戏。

"一朵花,如何分解?"

"如果是'一天'这样的词,可以怎么分解?"

气氛更加活跃,孩子们跃跃欲试,思维兴奋了起来。

"那么,我们反过来,再玩一个'组合'的游戏。如'桃、荷、桂、梅',组合起来是什么?'爸爸、妈妈、我',组合起来是什么?'雨天小明借伞给我、晴天我拉小明踢球、生病时小明写来慰问卡'组合起来是什么?"

短短几分钟的游戏,课堂明显活跃起来,孩子们对"分解"与"组合"有了基本的认识。此时,我投影展示自己的童谣习作《校园真美好》,并为孩子们朗诵。

我朗诵了自己的作品,孩子们给了我热烈而真诚的掌声,他们说这首童谣写的是我们可爱的校园,他们非常喜欢。这一瞬间我非常感动。于是,我邀请同学们一起读一读,问:"你从老师的习作里,发现了什么?"

孩子们说,发现了"分解"与"组合"。"每天",分解为早上和下午;"校园"分解为东边和西边;"美好",分解为树、鸟、日光等物,也分解为静态和动态……而这一切景物,组合起来,就是"校园里每天都美好"。

再读一首童谣,金子美铃的《全都喜欢上》。读后同样谈谈这首童谣中的"分解"与"组合"。

以思维导图,还原作者写作童谣时是如何进行"分解"与"组合"的。

"分解与组合"思维导图

接下来,每个孩子独立思考:你愿意选择一个什么主题,用这个思维导图进行分解与组合? 提示:分解要具体;组合则要把某个共同点概括出来。

经过独立思考后,孩子们拿着自己的思维导图,找小伙伴交流。

最后,孩子们用10分钟尝试创作,写下自己的童谣。孩子们在短短40分钟里,思维的发散有可能不足,但能看出他们对"分解与组合"的理解。

以下选自不同年级孩子们的课堂作品。

喜欢
卓立枫(四年级)

我喜欢什么呢?

我想,我喜欢人类的创造。

比如,马路,路灯,楼房。

这一切,我喜欢。

我到底喜欢什么呢?

我想,跟人类的创造相比,

我更喜欢上帝的创造。

比如,天空,大地,还有海洋。

这一切,我更喜欢。

城市两边
梁钥婷(五年级)

城市东边是大海。

海浪向我招手;

珊瑚迫不及待地想冲出海面,

眺望这美丽的世界;

小鱼从海面飞过,

略带了几滴海水。

多美啊!

城市西边是草原。

马儿向日光跑去,

换上了一件金光闪闪的衣服;

远处几个小男孩,

快乐地嬉戏;

天空上的鸟,

自由地飞翔。

多美啊!

城市两边,

两个世界。

甜
陈品妤(六年级)

像夏天的冰棍,

嘴里的糖,

甜丝丝的

融化在舌尖。

像满分的试卷,

老师的表扬,

甜丝丝的

融化在心头。

回顾这堂课,主要由五个教学步骤构成:

一、游戏预热·铺垫　　　　四、分享创意·创作

二、解读例作·方法　　　　五、展示作品·评价

三、思维发散·导图

这五个步骤,成为"童谣18课"的基本教学模式。

三

"分解与组合"这一课的重要性在于它揭示了童谣创作中的一个重要秘密,即每一首童谣的完成其实都是一种组合,只是组合的方式方法不同,在后面的课程中孩子们会越来越具体直观、也越来越深刻地印证这个认识。掌握了这一秘密,不亚于掌握了童谣创作的重要方法,观察事物的时候,构思童谣的时候,孩子们将会有意无意地运用这一方法。

接下来的童谣课是学习"置序法",及按照空间位置的顺序进行观察对象的分解与组合。这是上一课"分解与组合"概念的具体化。

我设定了三个教学目标,计划用两课时完成教学:

1. 欣赏例诗,发现其中的空间顺序。

2. 选择主题,按空间顺序展开创想。

3. 尝试以空间顺序组合法创作童谣

【第一课时】

一、游戏预热·铺垫(5分钟)

逆向对对碰:上—下、左—右、里—外、远—近、中间—两边、中心—四周。

看图片联想:观察图片中的桥与风景,快速联想桥的上、中、下,以及左、右或

这边、那边等不同方位的事物。

二、解读例作·方法(15分钟)

池塘

作者：余老师

水边的杜鹃，　　　　　　　　　　是在等待一个带他回家的孩子吧。

映照红红的身影，

是在等待一只蝴蝶的探访吧。　　　水里的小鱼，

　　　　　　　　　　　　　　　　游到这边，游到那边，

水面的纸船，　　　　　　　　　　是在等待那位生病的园丁好起

凝望摇曳的云影，　　　　　　　　来吧。

请同学来朗读。说说：你发现了什么？

自由读读。再说说：你发现了什么？

揭秘：这首童谣是按空间顺序分解、联想、创作的。

三、现场观察·导图(20分钟)

1. 以思维导图解构上述童谣例作。

2. 带着思维导图作业纸去花园里观察。

3. 寻找主题并按空间顺序结构，完成思维导图。

4. 教师跟进各小组讨论。

【第二课时】

四、分享创意·创作(30分钟)

1. 选择2—5个思维导图作为例子，师生共同点评，给出建议。

2. 完善自己的思维导图。可以邀请教师和同学一起讨论。

这一次的童谣作品整体完成得较好,孩子们兴趣盎然,尤其是离开教室进入校园,所费时间不长,效果却很好。孩子们不用咬着笔头苦想,到花园操场转一下,小组内一讨论,各自都找到了自己的视角和观察对象。有些孩子选择了同样的地点和类似的视角,但完成的作品却各有不同。

> **棕榈树**
> 蒋宸帆(四年级)
>
> 棕榈树的叶子　　　　　　　　　顶着上面的叶子。
> 很怕吧,
> 在高高的空中。　　　　　　　　棕榈树的树根
> 　　　　　　　　　　　　　　　很无趣吧,
> 棕榈树的树干　　　　　　　　　只能看见无尽的泥土。
> 很累吧,

蒋宸帆的这首童谣有着金子美铃《积雪》的影子。然而我知道他写的那棵棕榈树在哪里,而且那棵树的确就是如他所写的样子,在一众矮小的造景灌木丛边沿孤独地站立着。他学着金子美铃的童谣,真切地表达了他的所见所感。

> **池塘**
> 李佳慧(四年级)
>
> 池塘中,　　　　　　　　　　　把山石磨得很光滑。
> 有青蛙在跳,
> 泛起一片水纹。　　　　　　　　池塘边,
> 　　　　　　　　　　　　　　　有一株三角梅,
> 池塘上,　　　　　　　　　　　她立在那儿,
> 有一道瀑布,　　　　　　　　　望着自己的倒影。

李佳慧在课堂上问我,老师写了池塘,那她可不可以也写池塘。当然是可以的,李佳慧会有李佳慧的观察视角和审美体验呀！老师用杜鹃、纸船、小鱼三个意象来表达一个关于"等待"的主题,李佳慧可以有自己的分解组合,表达自己的主题。当我拿到李佳慧的《池塘》,忍不住被她的诗句深深吸引。她将池塘这个主题分解为"池塘中、池塘上、池塘边"三个空间位置,定格了三个画面。蛙跳泛起水纹,仿佛听到那一声响,沉寂被瞬间打破,那涟漪在扩散,扩散。瀑布冲刷山石,带来巨大声响,伴随急遽的动感。最后写一株三角梅立在那儿,望着自己的倒影,仿佛一切又归于静谧。这个池塘就在我办公室正对着的楼下花园里,我每日都会若干次注视它,李佳慧同学以她的诗心慧心描绘出池塘的美丽日常,动静转换之间传递出一种独特的禅境体验。

操场

李欣宜(四年级)

操场的中间,
草丛里的昆虫
正在等待孩子们来参观他们的家。

操场的四周,
赤红色的跑道

正在等待孩子们来奔跑,打闹。

操场的那边,
老师和大树
正在等待孩子们放学后的笑声。

操场

黄傲雪(四年级)

操场那头的大树,
映照翡翠的身影,
是在等待一只小鸟的陪伴吧。

操场四周的跑道,
仰望碧蓝的天空,

是在等待健儿们的脚步吧。

操场中间的草地,
隐藏着细小的花儿,
是在等待孩子们的发现吧。

　　李欣宜、黄傲雪一起去操场观察,各自写下自己的《操场》,但分解与组合的方式各有不同。李欣宜将操场按三个不同方位写出三个场景,写出昆虫、跑道、老师和大树对孩子共同的爱。黄傲雪则以"映照、仰望、隐藏"三个动词,写出大树与身影、跑道与天空、草地与花儿这三组不同的关系、不同的画面,而这三组关系和画面组合起来,表达一个共同的主题"等待"。微妙的是,三个画面中的等待又各有不同:"大树＋身影"对应着小鸟的陪伴;"跑道＋天空"对应着健儿的脚步;"草地＋花儿"对应着孩子们的发现。整个作品就主题的表达、意象的选择、用词的精准而言,更加美好,堪称上乘之作。

四

　　第三课讲解"时序法",按时间顺序分解与组合,进行童谣创作。

　　给孩子们的例作是我的《太阳》,拓展阅读金子美铃的《月亮》。大部分孩子都选择了天空、大海、日月星辰、花草树木为对象,依时间顺序,以大量的拟人、比喻来完成这次习作。也有一些孩子把学习生活写进童谣。

　　这里选录了两首取材不同的课堂作品。

大海
郑雨柔(四年级)

清晨的大海　　　　　　　　　　　　啊!
伸了个懒腰　　　　　　　　　　　　雄壮的交响乐呀!
揉了揉眼睛　　　　　　　　　　　　陪练出我醇厚的音韵线。
咦?
哪来的蓝宝石呀!　　　　　　　　　深夜的大海,
擦亮了我的眼。　　　　　　　　　　静悄悄,
　　　　　　　　　　　　　　　　　变奏出温柔的摇篮曲。
黄昏的大海,　　　　　　　　　　　哦?
跺了跺脚,　　　　　　　　　　　　鱼贝虾蟹去哪了?
向礁石拍打出音符。　　　　　　　　都躲进大海里睡觉了!

学期

向婧萱(四年级)

开学啦！起不来！

总想着凉凉的泳池，

甜得像蜜的冰淇淋，

回忆着暑假。

期中时,作业多！

可怜的我们像山羊,

挤在大灰狼的肚子里,

等待着自由。

期末时,压力大。

我们的背上像有一座大山,

匍匐爬行,

透不过气来。

五

第四课讲解"场景法"。

阅读:孩子们根据我的童谣《你好》,说说发现了哪些场景。

阅读:拓展阅读金子美铃的童谣《再见》,说说其中有哪些场景。

小结:这两首童谣是按"场景顺序"分解组合、展开联想的。

练习:在"谢谢"、"甜蜜"这两个主题中任选一个,展开场景联想。

创作:自选主题,以不同场景的组合展开丰富联想,完成童谣创作。

第五课讲解"故事法"。

游戏:给出两个词"小猫"、"绿豆",孩子们用它们即兴编一个故事。孩子们也可以互相给出两个或三个词,即兴编故事。

小结:故事,可以带来新鲜的组合方法。本课学习用"故事法"创作童谣。

印发阅读材料:我的《苔藓和山茶》,金子美铃的《麻雀和罂粟花》、《露珠》,以及本校学生刘瑜、许铨祚的《夜的八音盒》、《特别的婚纱》。

第一步,默读这 4 首童谣,想想每首童谣讲了谁和谁的故事。

第二步,你最喜欢哪个故事?请在序号上打"√"。

第三步,分 4 人小组,轮流讲一讲:你喜欢哪一首,为什么?

主题创想阶段:头脑风暴,每个人都想出若干组不同的事物,越多越好,写在作业纸上。选择其中一组事物,展开联想,构想故事。找小伙伴交流各自构想的故事。最后选择自己最满意的一个故事,将之写成童谣。

第六课讲解"共性法"。

游戏:给一只猫和一个电冰箱列出它们的共同点,越多越好。或者根据任意的两个或三个事物,找到其共性。

小结:把握共性,可以将一组看起来不相关的事物组合起来,带来新鲜感。

阅读:请孩子们根据我的童谣《飞》,说说:里面写了哪几个不相关的事物?但它们有怎样的共性?

阅读:拓展阅读金子美铃的童谣《金鱼》,说说共性法在这个作品中是怎样体现的。

练习:在作业纸上写出一组不同的事物,挖掘其共性,展开联想。同学间展开交流,相互建议。

创作:自选主题,用共性法组合不同的事物,完成童谣创作。

六

孩子们经此六课,发现了童谣创作当中组合的秘密。

在所有的童谣作品中我们都可以看到概念的分解与组合。某些组合搭配看起来不合理,但不合理中却融进了创造性的想象,在新奇独特中开辟出创造的天地。孩子们领悟到这一点,会对各种组合方式灵活运用,在各种描写内容的组合、语言材料的组合、修辞方法的组合中,创造出千姿百态的童谣世界。

月亮
孔德馨(四年级)

风
鼓起腮帮,
树叶举办了一场舞会。

牵牛花
嘟起小嘴,

彩色的蝴蝶飞上了竹篱笆。

月亮
轻轻吁了一口气,
世界就换上了暗夜的颜色。

　　孔德馨的这首《月亮》，运用了场景法、共性法进行组合。三个场景，风与树叶的舞会、牵牛花与蝴蝶的广播、月亮与世界的暗夜颜色，各自独立，每一个都很美。然而这三个场景中又暗蕴着一个共同的东西，"风鼓起腮帮"、"牵牛花嘟起小嘴"、"月亮轻轻吁了一口气"这三者的共性是什么？是呼吸，是吹气，是叹息，是对风、花、月拟人化动作的想象，是一种高超的属于儿童的诗性想象。

星空
谢嘉彤（四年级）

黄昏来了，
他来给星空做开场白了，
这时观众探出头来，
在混合着昏黄的夜空中眨着眼睛，
星空苏醒。

午夜来了，
他给星空奏起狂欢舞曲，

星星繁多，月光皎洁，
一眼望去星光璀璨，
星空沸腾。

黎明来了，
他给舞会带来了散场的提示，
星星们都陆续离开，
月亮还流连忘返，
星空恢复宁静。

　　谢嘉彤的《星空》，运用了时序法、场景法、共性法进行组合。黄昏、午夜、黎明，三个时间，三个场景，星空由苏醒至沸腾，最后恢复宁静，仿佛变奏曲，充满奇特的想象、奇幻的色彩，美不胜收。

　　"童谣18课"的一至六课到此结束。

第三节　表达独特的意趣

汝果欲学诗，
功夫在诗外。

——陆游

一

我以"童谣18课"构建"童谣教学三部曲"。

其中第二部曲"表达独特的意趣"，同样包含我的6首童谣，讲解令童谣产生独特意趣的三种方法：替换法、逆向法、还原法。这三种方法，在本书第三章、第四章均有涉及，在此结合专门的童谣创作则有不同的教学和练习。

替换法，用于童谣创作，是指将一个事物替换成另一个事物，在这样的替换中产生独特的意趣，令童谣虽简短而并不寡淡无味，具有某种耐人寻味的魅力。

我在写作《兔子罗朗》时，脑海中一再出现绘本《罗朗一个人》中的那个主人公，还记得阅读时的感动，我相信对于我们以及我们的孩子来说，成长就是一次越走越远的旅行。于是我写道："我想变成兔子罗朗。离开妈妈，钻出家门口的篱笆趟过小溪越过小树林穿过山谷，一个人去山顶看日出。然后给229个朋友和妈妈写信。点亮红色的灯笼办一个盛大的兔子派对。然后篝火旁遇到一位可爱的兔子姑娘，两个人去山顶看日出。"

与孩子们分享了我的童谣，以及我将自己替换为罗朗的原因。和罗朗一样，我从小也渴望外面的世界，渴望追寻自己的梦想，我走过很多很多的路，看过很多很多的风景。我期待过，赞叹过，也孤单过，迷惘过，我违背过妈妈的意愿，又在失落时回想过妈妈的话，我得到过朋友的鼓励和帮助，最终却还是下定决心独自上路，一个人越走越远……的确，成长就成了一次越走越远的旅行。

我分享了自己的创作心得：想象自己变成一只兔子，想象会发生一些什么。兔子罗朗的魅力很大，孩子们跟他有很多共鸣，我的这首童谣让他们很感兴趣。于是，我们玩了一个游戏：如果人变成老虎、恐龙、小鸟，会发生什么？

这里面会用到前面课程里学到的故事法,想象自己变成某个动物后发生的故事,或者某个具体的场景。孩子们需要奇思妙想,甚至异想天开。

这一课的练习就是请每个孩子为自己创造一个替换,将自己想象成一个动物,将想象的故事写成一首童谣。

我们来看孩子们的课堂创作:

猫

刘承武(五年级)

我想变成　　　　　　　　　　然后
一只猫。　　　　　　　　　　告诉亲爱的人,
　　　　　　　　　　　　　　我要去旅行,
离开笼子,　　　　　　　　　有可能回不来。
越过溪流,　　　　　　　　　你们看看落日,
跳过土堆,　　　　　　　　　就可以想起我。
爬上一棵美人松,
看这一天结束的时刻。

刘承武的《猫》有明显模仿《兔子罗朗》之处,开头一句和接下来的一连串动词"离开……越过……跳过……"都是将《兔子罗朗》的原句做了简单的替换,然而接下来的"爬上一棵美人松,看这一天结束的时刻"这句很棒,有创造性,尤其是"猫"和"美人松"的意象,感觉很美,有独特的意趣在其中。"然后告诉亲爱的人,我要去旅行,有可能回不来。你们看看落日,就可以想起我。"有一种少年不识愁滋味、为赋新词强说愁的滋味。读到此处,忍不住莞尔。

老鹰

李裕熙(五年级)

我想变成　　　　　　　　　　离开
一只自由自在的老鹰。　　　　那无趣的鹰巢,

在天空中　　　　　　　　　　最后，
无忧无虑地翱翔。　　　　　　　站在山的最高处，
　　　　　　　　　　　　　　　瞭望这无边无际的
　　　　　　　　　　　　　　　世界。
飞过高山，
越过大海。

　　李裕熙想象自己变成了一只老鹰。有模仿的痕迹，但是整首童谣的意象非常开阔无拘，强调"自由自在"、"无忧无虑"，将"无趣"与之对比。他没有模仿《兔子罗朗》对兔子离家的一连串动作描写，而是独立一段写"飞过高山，越过大海"，将所有的旅途艰辛、风雨兼程以此八个字一笔带过，显得极其潇洒。"最后，站在山的最高处，瞭望这无边无际的世界。"这是老鹰，作者想象自己替换的角色，多么孤独，却又多么豪迈，充满王者气概。

大白鲨
罗晨（五年级）

我想变成　　　　　　　　　　神秘的海底世界。
大白鲨。
　　　　　　　　　　　　　　　然后
去海里　　　　　　　　　　　　去吃几条海豚，
自由地穿梭，　　　　　　　　　还要警惕虎鲸，
不被人管，　　　　　　　　　　体会一场动物世界
去看看　　　　　　　　　　　　弱肉强食的生存法则。

　　罗晨想象自己变身为大白鲨。课堂上，当我走到他身边，看到他在思维导图中写下这个中心词，我心里着实难以预料他会有怎样的创意。读到他交上来的作品，忍不住为他点赞。前两段看似平平，与之前作品中的兔子、猫、老鹰如出一辙，然而没想到最后的一段他竟然写出"去吃几条海豚，还要警惕虎鲸，体会一场动物世界弱肉强食的生存法则"这样的文字。罗晨表达的不是追求唯美的画面，也不

是深刻的意境,他用的是理性的语言,表达一种理性的趣味。吃海豚,那不残忍吗? 大白鲨厉害,不还是要警惕虎鲸吗? 在童谣的世界里,主人公将自己变成一条大白鲨,竟为着体会一场动物世界弱肉强食的生存法则! 这是罗晨的童谣作品带来的独特创意,他成功营造了独特的意趣。

如果我变成了棕熊
赵景昀(五年级)

如果我变成了棕熊,

我会离开妈妈,

披上厚厚的皮毛,

跟小伙伴们一起打雪仗。

如果我变成了棕熊,

我会在妈妈不注意时,

偷偷地从家里跑出去,

从河里抓几条鱼,

给妈妈一个惊喜。

如果我变成了棕熊,

我依然会走进学校,

与同学们一起学习。

赵景昀假设自己变身为棕熊。第一段仍有着《兔子罗朗》的痕迹,想着离开妈妈,去外面自由玩耍。第二段开始有了独特的想法,从家里跑出去并非只为自由,而是为了“从河里抓几条鱼,给妈妈一个惊喜”。这跟前面几位同学写到的兔子、猫、鹰、大白鲨都不同,这里面传递的更多的是对妈妈的关爱和眷恋。最后一段,则完全回归了现实的生活,“如果我变成了棕熊,我依然会走进学校,与同学们一起学习。”整首童谣立意独特,这是多么可爱的棕熊,这是多么温情的童谣!

蚊子
孔德馨(五年级)

我想变成

一只蚊子。

清早,

我自由地飞行,

和蝴蝶问个好,

向蚂蚁告别,

开启了冒险。

我飞去了热带雨林,

发现好多新伙伴，　　　　　　　　我拉起提琴，

比如蜘蛛弟弟　　　　　　　　　　妈妈陶醉了。

和我不喜欢的蜻蜓哥哥。　　　　　我飞到人类身边拉提琴，

　　　　　　　　　　　　　　　　害得它们

夜晚，　　　　　　　　　　　　　半夜起来为我鼓掌。

　　孔德馨运用替换法，将自己变成一只蚊子。第二段的"冒险"一词，奠定了后面两段的基调。比如"我"会遇到"蜘蛛弟弟"和"不喜欢的蜻蜓哥哥"，这里我注意到小作者有意向现实世界靠拢，蜻蜓吃蚊虫，所以是"不喜欢的蜻蜓哥哥"，与这些伙伴相处确实有点冒险。真正的险情在最后一段，"我飞到人类身边拉提琴"——我想起了蚊子在耳边不绝的嗡嗡声，"害得它们半夜起来为我鼓掌"——这句可真是令人叫绝！"它们"是谁？是人类。"鼓掌"是什么？哈，是人类朝着嗡嗡嗡的蚊子狠狠地一巴掌拍下去呀！小作者的巧思体现在将自己彻底变成一只蚊子，洋洋自得地对着人类"拉小提琴"，将人类被咬得受不了而啪啪打过来写成"半夜起来为我鼓掌"，这是多么的幽默！这也正是这首童谣的创意所在，孩子的创意令人赞叹。

二

　　课堂作品显示，替换法的确能给童谣创造独特的意趣。在此基础上，我们又上了一课，仍是运用替换法，只不过，这一课要求将自己想象成一种植物。

　　出示我的童谣《龟背竹》，问："在这首童谣中，我想象自己变成了谁？发生了什么变化？这样写有什么好处？"拓展阅读金子美铃的《草原》，也做同样的阅读思考，讨论交流。

　　之后展开头脑风暴："你喜欢什么植物？它有什么特别处特别吸引你？"要求每个人都列举几种植物，小组内产生的答案越多越好。

　　接下来的挑战，是请每个孩子为自己创造一个替换，将自己想象成一种植物，将想象的情景或故事写成一首童谣。

　　孩子们课堂呈现的作品，似乎比不上前一节课想象变为动物的作品那么富有

戏剧性。可能跟我选择的例作有关,上一次我选择的《兔子罗朗》采用了故事法,孩子们写作时大部分也都采用了故事法,提交的作品大多有情节,有一些戏剧性。这节课我的《龟背竹》运用的是场景法,"雨点会在我的绿掌心写下好些诗句。淅沥沥,滴滴答,这诗不错吧?"——这样的语句或许能有点诗情画意,但不会有故事冲突和情绪的跌宕起伏,孩子们的作品也呈现出类似的特点。

> **爬山虎**
>
> 罗晨(五年级)
>
> 我想变成　　　　　　　　　高处的风景,
> 一棵爬山虎。　　　　　　　很美吧?
> 爬到一栋大楼上,
> 看风景。

罗晨的《爬山虎》简洁、直白,如同口语,有童谣的特质。寥寥 27 个字,写出爬山虎的愿望、目标,写出了爬山虎对"高处的风景"的向往,描绘出一个爬山虎向着高楼一点一点往上爬的场景。"我"是爬山虎,抑或爬山虎是"我"?虽然是一首短小的作品,却非常动人。

> **仙人掌**
>
> 叶丹苗(五年级)
>
> 我光着脚走在沙滩上,　　　　我想要变成仙人掌。
> 走啊走,
> 我的脚丫被仙人掌扎到了。　　因为,
> 　　　　　　　　　　　　　是不是这样,
> 但是　　　　　　　　　　　我就可以变坚强,
> 我没有感到疼痛,　　　　　变得没人欺负我了呢?
> 相反

叶丹苗的《仙人掌》严格意义上并未达成"替换",通篇都是"我"的视角,"我"

并未变成仙人掌。然而整首童谣娓娓道来,前两段不急不忙地叙事,末尾一段吐露心声,写出少年人的委屈心事。在这种"想要变成仙人掌",想要"变坚强"、"变得没人欺负我"的意象中,让人读着心里一疼,仿佛也被仙人掌扎了一下。这是《仙人掌》的独特魅力,真诚、坦白产生的力量。

枫叶

陈梓晴(五年级)

秋天,
只想做一片
小小的枫叶。

直到冬天,
冰雪帮我盖上了一层
厚厚的被子。

风儿吹来,
以曼妙的舞姿
乘风飞去。

最后,
寒冷的冬天
蒙住了我的双眼。

梅花

孙子晴(五年级)

在一个白茫茫的冬天,
一个小房子旁,
我想做一株梅花。

和父母吃顿团圆饭。

看着外出打工的游子,
回到家,

啊,
也许是冬姑娘来了,
也许是她发现我感冒了,
给我送来了雪棉袄。

陈梓晴、孙子晴两位小姑娘想象自己变成秋天的枫叶、冬天的梅花。她们在作品中描写了大自然的季节变化,表达了大自然的美。陈梓晴的《枫叶》前两段省略主语"我",营造了一种物我一体之感,"冰雪帮我盖上了一层厚厚的被子",有童话意境。"最后,寒冷的冬天蒙住了我的双眼",写出了枫叶的生命归宿,用拟人的手法写来,格外有诗意。孙子晴的《梅华》则写了双重的关爱,"我"对"游子"一家的关爱,"冬姑娘"对"我"的关爱,突出了温情。

总体上,讲解替换法的第二课的童谣作品看着平淡了一些,但细细品读,仍是有着丰富而独特的意趣在里面。在点评反馈中,师生共同欣赏这些作品,是非常愉快的时刻。

三

接着,我们要学习的是"逆向法"。

逆向法,在这里是指角色逆向,也即换位法。童谣创作中恰当运用逆向法,往往可以产生独特的意趣。

我用《大黄蜂》来举例。这是校园里真实发生的故事,低年部大树上出现了很大的蜂巢,我们打电话请消防队来处理。这样的事情,几乎每一两年都会有一次,我就将它写进了我的童谣。《大黄蜂》前面两段写大伙兴高采烈看消防车用水枪击落蜂巢,后半段写暮色降临时我对蜂巢倾覆之后那些蜂们去向何处的担忧。这首童谣意在从事情的对立角色去想。先从人类的角度写,后来又从大黄蜂的角度去写,去关心它。孩子们学习逆向法,可以通过逆向思维,找到更多人类的反思点。

我们来看几首孩子们的课堂习作,虽简短稚拙,却不乏意趣。

架子鼓

吴明谦(五年级)

音乐会上,　　　　　　　　　真帅!

听着有节奏的鼓点。　　　　　可是架子鼓自己

鼓手的姿势　　　　　　　　　肯定被打得很痛吧!

《架子鼓》很短,但逆向思维很清晰。原本赞扬鼓手,立刻转向架子鼓,实现了角色的转换,完成了换位。

台风

詹桁（五年级）

台风来了，
台风来了。
树木倒下，
家中停电，
玻璃破碎。

也许，
我们在伤心的时候，
玻璃店里的人
正像赶庙会一样
开心地忙着呢。

詹桁的《台风》很特别，写台风中玻璃破碎，由伤心的"我们"而换位至卖玻璃的人，语言简单直白，在逆向的换位思考中洞彻生活的真实。

鹿角

孙子晴（五年级）

太阳刚刚露头
博物馆打开大门，
人们冲进馆里。

展示的鹿角
美不胜收，
像两根树杈，
仿佛还有两只小鸟。

人们惊叹

这来自大自然的珍品。
我凝望那只鹿角，
好像可以看到小鹿在奔跑。

那只
蜕下鹿角的小鹿呢，
它的新角会更美吗？
夕阳下，
它会带着新角去小溪边游玩吧！

孙子晴的《鹿角》写得比较成熟。小作者以丰富的想象，从博物馆开门，写到展示的鹿角美丽的形态，从人们的惊叹写到"我"的凝望和遐思，最后站在鹿角前想象蜕下鹿角的小鹿生出新角，"它的新角会更美吗？夕阳下，它会带着新角去小溪边游玩吧"，是彻底的换位思考，在逆向的视角中体现了这首童谣作品独特的意趣。

四

"表达独特的意趣"是"童谣教学三部曲"中的第二部。如上,替换法共两课,已完成;逆向法共两课,目前只完成了一课;之后还将有还原法,也是两课,尚待实践。尽管只进行了大半,但我将部分内容与各地同行交流时,都引来大家的关注和兴趣。很多教师说,没想到小学语文还可以有这样的课程。有的老师感慨,原来小学语文也应该这么重视儿童创造力。还有一些老师恍然大悟,原来创造真的有方法!所以,尽管课程还很不成熟、完善,我还是将一部分实践收获分享于此。

在构建和实践"童谣18课"的过程中,我常常欢欣鼓舞,因为看到孩子们的创造力在语文课堂上可以如此纯真诗意地表现出来,一首首质朴天真而又不乏稚趣的童谣让我喜不自禁,可以说,没有他们,就没有这个课程。

可有的时候,我也会沮丧,看到孩子们的作品没有达到期待的水平,我就想那一定不是孩子们的问题,创造的潜能是他们与生俱来的东西,爱创造是他们的天性,表现创造的成果是他们的乐趣,所以,只能是我这位师者的问题。或许是我的观念仍有问题导致了我的课堂教学目标或是教学流程的设计方面有问题,这都是我需要不断加以反思的。

童谣课程的实践,更让我深刻认识到,儿童的诗性智慧属于儿童,其率真、天然的精神意念为儿童所独有。在僵化、刻板的课程文化压制下,它会被极大地损害,乃至扼杀。培育儿童的诗性智慧,需要对儿童天性的尊重,对儿童思维的启迪,需要对儿童探索行为的培养和鼓励,儿童的诗性智慧不可追,亦不可驯也!

因此,儿童的诗性智慧的培育和提升,需要我们的课程文化加以变革创新。

首先,以诗性智慧为核心的课程文化是反教化的。忌功利主义,不要但凡童谣都要强调教育意义。童谣的真正价值是儿童的心口相一、诚实率真,而非成人以"伪幼稚"、"拟成熟"、"假理智"式的腔调来拘束儿童、荼毒儿童,这些是我们反对的教化。我们倡导的童谣应该完全基于儿童的思想、儿童的趣味、儿童的想象,对于发乎儿童天性、体现儿童创造力的童谣,即便是有所禁忌和另类色彩,也不应横加干涉和反对。

其次,以诗性智慧为核心的课程文化鼓励热爱自由。营造开放的、无拘无束的自由氛围,倡导学生个性的自由、感知的自由和表达的自由,反对刻板的训练、标准的答案、认知的趋同和唯一性。

最后,以诗性智慧为核心的课程文化重视思维的体验、生活的体验、成长的体验、创造的体验。总之,儿童的诗性智慧课程就是为了保护儿童天性的真实、单纯、真诚,使得儿童的自由意志和创造力得以展现。

学校课程深度变革丛书

品质课程丛书

课堂教学新样态

	978 - 7 - 5675 - 6810 - 5	32.00	2017 年 10 月
让课堂洋溢生命感:L－O－V－E教学法的精彩演绎			
	978 - 7 - 5675 - 6977 - 5	32.00	2017 年 11 月
课堂如诗:"雅美课堂"的姿态	978 - 7 - 5675 - 7219 - 5	36.00	2018 年 3 月
近处无教育	978 - 7 - 5675 - 7536 - 3	32.00	2018 年 3 月
课堂,与美最近的距离	978 - 7 - 5675 - 7486 - 1	32.00	2018 年 4 月
课堂,涵养生命的园圃	978 - 7 - 5675 - 7535 - 6	36.00	2018 年 6 月
协同教学:意蕴与智慧	978 - 7 - 5675 - 8163 - 0	42.00	2018 年 9 月
课堂不是一个盒子	978 - 7 - 5675 - 8004 - 6	38.00	2019 年 1 月
在教室里眺望世界:基于 BYOD 的教学方式变革			
	978 - 7 - 5675 - 8247 - 7	48.00	2019 年 3 月

特色学校聚焦丛书

每一个孩子都是一棵树	978 - 7 - 5675 - 6978 - 2	28.00	2018 年 1 月
教育不是一个人的事:"众教育"36 条	978 - 7 - 5675 - 7649 - 0	32.00	2018 年 8 月
不一样的生命,一样的精彩	978 - 7 - 5675 - 8675 - 8	34.00	2019 年 3 月

华东师范大学出版社　　　　华东师范大学出版社
天猫旗舰店　　　　　　　　官方微信

门市邮购电话:021 - 6286 9887 6173 0308

淘宝商城旗舰店:http://hdsdcbs.tmall.com

微信:华东师范大学出版社(ecnupress)

电子书目下载地址:www.ecnupress.com.cn